ネットとうほく叢書

先端消費者法問題研究 第3巻
—研究と実務の交錯—

適格消費者団体 特定非営利活動法人 消費者市民ネットとうほく 編

民事法研究会

はしがき

2015年、「特定非営利活動法人消費者市民ネットとうほく」（略称「ネットとうほく」）が東北各地の大学研究者と弁護士、相談員、行政関係者に呼びかけて「消費者被害事例ラボ」（略称「消ラボ」）を立ち上げ、年に6回、仙台弁護士会館に集い、その時々の消費者問題について研究を深め、2018年には、出版社のご協力を得て、その研究成果を『【ネットとうほく叢書】先端消費者法問題研究——研究と実務の交錯』と題し、刊行した。学者と実務家とがその時々に発生する消費者問題に切り込み、その成果を書籍出版という形で全国に発信するとの活動は、「消ラボ」に参加する学者と実務家の消費者法への理解を深めさせるとともに、適格消費者団体が担う役割の一端を具体例として指し示すものでもあり、こうした活動は、2020年3月、津谷裕貴・消費者法学術実践賞選考委員会（委員長・松本恒雄一橋大学名誉教授）から「実践賞」を受賞するなど、全国的にも高い評価をいただいた。

その後、2021年には、『先端消費者法問題研究［第2巻］』を発刊する運びとなり、その「はしがき」で、私は、「実務家は研究者から奥深い法理を学び、研究者は実務から現場に学ぶことの大切さを知るという、実務家と研究者の共働の作風をさらに深め発展させていきたい」との願いを記述させていただいたが、そうした作風の「消ラボ」が今日も地道に継続され、その研究成果を、今般、第3巻として皆様にお届けできることになり、そしてまた、本書で取り上げている研究者と実務家の論考が消費者被害の予防と救済に役立つなら、一同、望外の喜びである。

今回もまた、本書の出版にご尽力をいただいた学者の方々と会員の皆さん、とりわけ、本書の出版に向けての労苦を一手に引き受けてくれた小笠原奈菜・東京都立大学大学院法学政治学研究科教授、および、男澤拓弁護士（仙台弁護士会）に感謝申し上げるとともに、いつもながら、株式会社民事法研究会の田口信義社長、軸丸和宏氏による温かい励ましとご協力にこの場をお借りして心よりお礼を申し上げる次第である。

2024年（令和6年）1月吉日

内閣総理大臣認定適格消費者団体特定非営利活動法人消費者市民ネットとうほく

理事長　吉岡　和弘

『先端消費者法問題研究［第 3 巻］』

目　　次

③ 取引DPFと消費者保護 ………………………………………43

岩手県立大学総合政策学部教授 窪 幸治

7　**法とデータサイエンス** ……………………………………………*147*

福島大学行政政策学類准教授　山﨑　暁彦

凡　例

（50音順）

〈法令略称〉　※かっこ内は条文引用時の表記

- 旧民法（旧民）　　　　　　民法の一部を改正する法律（平成29年法律第44号）
　　　　　　　　　　　　　　　施行前の民法
- 景品表示法（景表）　　　　不当景品類及び不当表示防止法
- 個人情報保護法　　　　　　個人情報の保護に関する法律
- 資金決済法　　　　　　　　資金決済に関する法律
- 消費者裁判特例法　　　　　消費者の財産的被害等の集団的な回復のための民事
　　　　　　　　　　　　　　　の裁判手続の特例に関する法律
- （消契）　　　　　　　　　消費者契約法
- 電子消費者契約法　　　　　電子消費者契約に関する民法の特例に関する法律
- 独占禁止法　　　　　　　　私的独占の禁止及び公正取引の確保に関する法律
- 特定商取引法（特商）　　　特定商取引に関する法律
- （民訴）　　　　　　　　　民事訴訟法

〈文献略称〉

- 金沢　　　　金沢法学
- 現消　　　　現代消費者法
- ジュリ　　　ジュリスト
- 判時　　　　判例時報
- 判タ　　　　判例タイムズ
- 判評　　　　判例評論
- ひろば　　　法律のひろば
- 法教　　　　法学教室
- 法時　　　　法律時報
- 法セ　　　　法学セミナー
- 民集　　　　大審院民事判例集、最高裁判所民事判例集
- 武蔵野　　　武蔵野法学

〈その他〉

- 京都消費者契約ネットワーク

7

凡　例

　　　　　　　　　　　　　　特定非営利活動法人京都消費者契約ネットワーク
・国民生活センター　　　　　独立行政法人国民生活センター
・埼玉消費者被害をなくす会　特定非営利活動法人埼玉消費者被害をなくす会
・消費者機構日本　　　　　　特定非営利活動法人消費者機構日本
・消費者ネットおかやま　　　特定非営利活動法人消費者ネットおかやま
・ひょうご消費者ネット　　　特定非営利活動法人ひょうご消費者ネット

・消費者市民ネットとうほく、または、ネットとうほく
　　　　　　　　　　　　　　特定非営利活動法人消費者市民ネットとうほく

8

1　消費者被害の集団的な回復における手続的諸問題

東北大学大学院法学研究科准教授　**今津綾子**

本稿の概要

✓　2013年（平成25年）の消費者裁判特例法の制定は、消費者被害の救済にとって大きな一歩であったが、立案過程で提言されたものの実現に至らなかった規律もあり、救済の実をあげるために改善すべき点は少なくなかった。

✓　施行後の状況を踏まえつつ、消費者庁は特例法の見直しに着手し、2022年（令和4年）に消費者裁判特例法の改正が実現した。従前よりも適用対象が拡大され、より柔軟な解決が可能になるとともに、原告となるべき特定適格消費者団体への支援体制も強化されている。

✓　改正後の規律は2023年（令和5年）10月に施行されたが、これにより消費者被害のより確実かつ迅速な救済がもたらされることが期待される。同時に、制度の存在を背景とする各消費者団体の交渉力の強化、事業活動の健全化による消費者被害の予防・抑止といった効果も見込まれるところであり、施行後の運用状況を見守りたい。

1　はじめに

消費者被害には、同種の被害が多数の被害者に生ずるという特徴がある。被害回復のための手段としては、民事訴訟が考えられるが、1対1の紛争の解決を念頭に置く（二極の当事者が相対立する構造をとる）民事訴訟は、1事業者と多数の被害者との間の紛争を解決するにはなじまないことが多い。また、民事訴訟の提起、追行には多くの時間と費用を要するため、1人あたり

の財産的被害が比較的少額なものにとどまる消費者被害の救済に用いるには効率が悪い。そのため、多数の消費者の受けた被害を一度の機会で解決するためには通常の民事訴訟とは異なる特別の訴訟制度を用意する必要があり、このニーズに応えるものとして、2013年（平成25年）12月に「消費者の財産的被害の集団的な回復のための民事の裁判手続の特例に関する法律」（平成25年法律第96号。以下、単に「特例法」という）が成立するに至ったのである（この法律は2016年（平成28年）10月に施行されている）。

　特例法の成立が、消費者被害の回復という局面において重要な一歩であったことは疑いがない。ただ、同法の施行後もすべての消費者被害が回復されているわけではなく、特例法の適用によってもなお救済の実をあげることが難しい事例が存在することが明らかになってきた。そこで、より実効的かつ広範な消費者被害の救済を可能とするための改正作業が進められた結果、2022年（令和4年）5月に「消費者契約法及び消費者の財産的被害の集団的な回復のための民事の裁判手続の特例に関する法律の一部を改正する法律」（令和4年法律第59号。以下、この法律のうち特例法の改正にかかわる部分を指して「改正特例法」という）が成立し、2023年（令和5年）10月1日より全面的に施行された。

　本稿では、特例法のもとでの新たな裁判制度とその運用を整理するとともに、今般の法改正がもたらす意義を明らかにしながら、消費者被害の集団的な回復のための手続上の諸問題について検討する。

2　特例法の成立

　検討の前提として、まずは2013年に成立した特例法の内容を整理する。

(1)　成立に至る経緯

　消費者被害の救済を目的とする特別の訴訟制度を初めて創設したのは、2006年（平成18年）の改正消費者契約法であった。消費者契約法には元々消費者契約を取り消したり契約条項の無効を主張したりすることを可能とする実体法の規律が設けられていたが、それだけでは消費者は個別的・事後的な

救済しか得られないことから、2006年の改正により新たに消費者団体訴訟制度が導入されたのである。ここでは、個々の消費者ではなく消費者団体が原告となり、消費者契約法違反行為に及んだ事業者を被告として、被害の事前抑止・拡大防止のための差止請求を行うことが予定されている。消費者自身が民事訴訟を利用して個別的救済を求めることが事実上困難である状況を踏まえ、個別訴訟に代わる手段として団体を原告とする新たな訴訟手続を導入したものであり、手続面から消費者被害の救済を強化した点において大きな意味があった。

　しかし、差止請求によっては既発生の被害を回復することまではできないため、消費者団体訴訟として損害賠償請求を許容することの可否が次なる課題として浮上する。2006年の消費者契約法改正に際しても、法案の可決にあたっては衆参両院において「消費者被害の救済の実効性を確保するため、適格消費者団体が損害賠償等を請求する制度について、司法アクセスの改善手法の展開を踏まえつつ、その必要性等を検討すること」という趣旨の附帯決議が付されていたところであった。そのような社会的課題に応えるべく、民事手続法の研究者らは、集団的被害回復のために日本においてどのような法制が可能であり、また適切であるかについて諸外国の法制を参照しつつ検討を進めていき、次第に議論が蓄積されていった。

　2009年（平成21年）に内閣府の外局として新たに消費者庁が設置されると、集団的な消費者被害の回復を可能とするための新たな制度の創設に向けた準備作業を担うものとして、「集団的消費者被害救済制度研究会」が設けられた。そこでは、新たな訴訟制度の候補として既存の法制に近いものからそれとは離れた新たな訴訟構造を採用するものまで複数の選択肢が提示されるとともに、行政上の措置や加害者の財産保全等も含む救済制度全体のあり方についての検討も行われた。翌年には、消費者委員会に設置された「集団的消費者被害救済制度専門調査会」が、上記研究会で示された複数の選択肢の中から1つを選別し、その具体的な制度設計を提言した。その後、提言に基づいて消費者庁から訴訟制度案が示されると、2度のパブリック・コメントの実施等を経て法律案として国会に提出され、2013年に「消費者の財産的被害の集団的な回復のための民事の裁判手続の特例に関する法律」として成立する運

びとなった。

⑵ 特例法の意義および内容

　特例法の最大の意義は、民事の裁判手続の一般法である民事訴訟法の枠内ではなし得なかった新たな裁判手続を可能にした点にある。

　通常の民事訴訟は、訴えの提起に始まり、権利義務の存否および内容についての審理を経て、終局判決により決着する。これに対して、特例法により新たに導入された手続は、第１段階の「共通義務確認訴訟」において消費者全体に共通する権利義務の存否を確定した後、第２段階の「簡易確定手続」において個々の消費者の具体的な被害額を確定することで、最終的に被害回復を実現するという重層的な構造を有している。通常の民事訴訟とは異なる特殊な構造を採用した背景には、消費者被害、特に１人あたりの被害額が少額である事案においては消費者が積極的に自己の被害回復のための行動を起こしづらいため、手続の冒頭ではなくある程度被害回復の目途がついた段階で手続への参加を募り、より多くの消費者の被害回復につなげようとする狙いがある。

　以下では、これら２段階の手続について順に取り上げ、裁判制度の全体像を概観する。

---

(1)　本文の狙いを達するには、究極的には、個々の消費者の参加意思を問わず強制的に手続に巻き込むという手段もありうる。諸外国の例をみると、ある者の訴訟追行の結果を原則としてすべての消費者に及ぼすこととし、手続からの離脱を積極的に申し出た消費者のみを例外的に除外するという制度設計を採用している国もある（講学上、これを「オプトアウト（離脱）方式」と呼ぶ）。被害回復に関心の薄い消費者を取り込むことができ、また事業者にとっては紛争全体を一挙に解決できるという利点がある一方、個々の消費者（権利者）の手続保障という観点からは理論的にも実践的にも課題が多く、本文であげた検討会において検討はされたものの、採用には至らなかった。
(2)　制度設計および法文解釈について、より詳しくは、伊藤眞『消費者裁判手続特例法〔第２版〕』（商事法務、2020年）、山本和彦『解説 消費者裁判手続特例法〔第３版〕』（弘文堂、2023年）など参照。制度の運用については、後藤健ほか「共通義務確認訴訟と異議後の訴訟について」判タ1429号（2016年）5頁以下、中山孝雄ほか「簡易確定手続」判タ1430号（2017年）6頁以下、近藤昌昭ほか「保全・執行手続」判タ1431号（2017年）5頁以下参照。

(A)　共通義務確認の訴え

　第1段階としての「共通義務確認の訴え」とは、「消費者契約に関して相当多数の消費者に生じた財産的被害について、事業者が、これらの消費者に対し、これらの消費者に共通する事実上及び法律上の原因に基づき、個々の消費者の事情によりその金銭の支払請求に理由がない場合を除いて、金銭を支払う義務を負うべきことの確認を求める訴え」をいう（特例法2条4号。なお、共通義務確認の訴えに係る訴訟を、法文上、「共通義務確認訴訟」と称する。同条7号参照）。

(a)　当事者適格

　共通義務確認の訴えを提起・追行するための資格、すなわち原告適格を有するのは、「特定適格消費者団体」である（特例法3条1項）。個々の消費者が自ら共通義務確認訴訟を提起することは認められていない。ここにいう特定適格消費者団体とは、消費者団体（「消費生活に関する情報の収集及び提供並びに意見の表明、消費者に対する啓発及び教育、消費者の被害の防止及び救済のための活動その他の消費者の消費生活の安定及び向上を図るための健全かつ自主的な活動に努め」ている団体。消費者基本法8条参照）のうち、①消費者契約法13条に基づく内閣総理大臣の認定を受け、かつ、②特例法65条（改正特例法71条）に基づく内閣総理大臣の認定を受けた団体である（特定認定。特例法2条10号）。①の認定に加えて②の特定認定を要求するのは、共通義務確認訴訟の原告は適格消費者団体にはない新たな業務（たとえば、後記(B)（簡易確定手続）において消費者から授権を受けて手続を追行する、事業者から受けた金銭を消費者に分配する、消費者から報酬の支払いを受ける等）を担うことになるためである。[3]

　他方、共通義務確認の訴えを提起される側、すなわち被告となるのは、「事業者」とされており（特例法3条3項各号）、ここにいう事業者とは①「法人その他の社団又は財団」、②「事業を行う場合における個人」を指す（特例法2条2号）。被告適格の範囲については立法過程でも議論があったものの、特例法上の新たな裁判手続が「消費者と事業者との間の情報の質及び量並び

---

(3)　消費者庁消費者制度課編『一問一答消費者裁判手続特例法』（商事法務、2014年）39頁。

に交渉力の格差」（特例法1条）に着目したものであること、また通常の民事訴訟におけるのと比べて被告となる者の応訴負担が加重される側面があることから、最終的に「事業者」に限定された。したがって、上記①②のいずれにも該当しない者は、たとえ消費者に対して金銭支払義務を負いうる立場にあったとしても、共通義務確認訴訟の被告として責任追及を受けることはない。もっとも、いわゆる法人格否認の法理により事業者と別人格である旨の主張を封じられる結果、事業者の代表者等の個人が共通義務確認訴訟における被告と扱われる可能性はあるほか、個別訴訟の被告となることはもとより妨げられない（さらに、改正特例法により一定の範囲で事業者以外の個人にも被告適格が認められるに至った。後記3(2)を参照）。

　　(b)　訴訟要件

　共通義務確認の訴えが適法であるための要件として、①訴訟物が「事業者が消費者に対して負う金銭の支払義務であって、消費者契約に関する……請求……に係るもの」であること（請求適格。特例法3条1項柱書）、②「相当多数の消費者に……財産的被害」が生じていること（被害の多数性。特例法2条4号）、③「事業者が……〔多数の〕消費者に共通する事実上及び法律上の原因に基づき」①の金銭支払義務を負うこと（被害の共通性。同号）、④「共通義務確認の訴えに係る請求を認容する判決をしたとしても……簡易確定手続において対象債権の存否及び内容を適切かつ迅速に判断することが困難であると認め」られないこと（支配性。特例法3条4項）、があげられる。

　このうち①では、手続の対象として「契約上の債務の履行の請求」、「不当利得に係る請求」、「契約上の債務の不履行による損害賠償の請求」および「不法行為に基づく損害賠償の請求」の4類型をあげており、一見すると消費者

6

被害のほぼすべてをカバーしている（特例法3条1項各号）。しかし、これらに該当するもののうち消費者の属性や契約内容次第でその有無や程度が大きく変わりうる個別性の強いもの、換言すれば類型的に上記④の要件を欠くものは除外され、具体的には、拡大損害（同条2項1号・3号）、逸失利益（同項2号・4号）、生命・身体損害（同項5号）および精神的損害（慰謝料。同項6号）に係る共通義務については共通義務確認訴訟の対象とならないとされている。[8] したがって、消費者がこれらの損害に係る救済を得るには、集団的な被害回復によることはできず、個別訴訟を提起するほかない（ただし、改正特例法により除外されていたものの一部が制度の対象となっている。後記3(1)を参照）。

(B)　簡易確定手続

　第2段階としての簡易確定手続は、第1段階において特定適格消費者団体と事業者との間で共通義務の存在が確認されたことを前提に、個々の消費者の被害救済を図るための手続である。その名のとおり、通常の民事訴訟に比して「簡易」な手続であり、それにより早期の被害者救済を実現することをめざすものである。

　手続の流れを整理すると、共通義務確認訴訟において特定適格消費者団体が勝訴したことを前提に、①当該団体が簡易確定手続開始の申立てをし（特例法14条〔改正特例法15条〕）、②申立てを受けた裁判所が簡易確定手続開始決定をする（特例法19条〔改正特例法20条〕1項）。そして、③①の申立てをした団体（「簡易確定手続申立団体」。特例法21条〔改正特例法22条〕）が消費者の授権に基づいて債権届出を行った後（特例法30条1項・31条1項〔改正特例法33条1項・34条1項〕）、④事業者（第2段階では「相手方」と称される。特例法21条〔改正特例法22条〕）がそれに対する認否をする（特例法42条〔改正特例法45条〕1項）。このとき、⑤債権届出をした簡易確定手続申立団体（「債権届出団体」。特例法

(7)　適用対象をあらかじめ列挙することで消費者および事業者の予測可能性を高め、審理の複雑化、長期化を避ける趣旨である。消費者庁消費者制度課編・前掲注(3)26頁。
(8)　支配性を欠く場合、後続の簡易確定手続における簡易迅速な権利判定になじまないこと、また事業者にとって予測可能性が確保されないことが除外の理由とされる。消費者庁消費者制度課編・前掲注(3)30頁参照。

31条〔改正特例法34条〕7項）が認否を争う旨の申出をしないときは、相手方の認否の内容のとおりに債権の存否および内容が確定する（特例法47条〔改正特例法50条〕1項）。他方、⑤'債権届出団体が裁判所に認否を争う旨を申し出たときは、裁判所が、簡易確定決定を下すことになる（特例法44条〔改正特例法47条〕1項）。簡易確定決定に先立つ審理では口頭弁論を開く必要はなく（特例法13条〔改正特例法14条〕1項。ただし、当事者双方への審尋が必要である。特例法44条〔改正特例法47条〕2項）、また証拠調べには一定の制約が課されており（特例法45条〔改正特例法48条〕）、通常の民事訴訟を利用する場合に比して簡易かつ迅速に裁判所の判断を得られるしくみとなっている。

　簡易確定決定に対しては、異議の申立てによりさらにその内容を争う余地が認められている。すなわち、決定の内容について不服がある場合、簡易確定手続の当事者である債権届出団体（特定適格消費者団体）およびその相手方（事業者）は、「簡易確定決定に対し、……当該簡易確定決定をした裁判所に異議の申立てをすることができる」（特例法46条〔改正特例法49条〕1項）。適法な異議申立てがあった場合、簡易確定決定は効力を失い（同条5項。ただし、仮執行の宣言が付されている場合はなお効力を有する）、以降は通常の訴訟手続に移行して届出債権の存否および内容についての審理が行われ、判決に至る。この判決に対しては、通常の民事訴訟におけるのと同じく、上訴が可能である。

　以上のように、簡易確定手続は、文字どおり簡易迅速な権利救済を可能としつつ、同時に当事者らの裁判を受ける権利（憲法32条）にも配慮した手続である。

---

(9) 特例法では、届出債権の確定により「届出消費者表の記載は、確定判決と同一の効力を有する」に至り（特例法47条〔改正特例法50条〕2項前段）、「債権届出団体は、確定した届出債権について、相手方に対し、届出消費者表の記載により強制執行をすることができる」とされている（同項後段。なお、債務名義に基づく執行手続も特定適格消費者団体の業務としてあらかじめ法定されている。特例法2条9項・65条〔改正特例法71条〕2項1号）。本文⑤以降の流れとしては、届出団体が届出債権者表を債務名義とする強制執行を申し立て、相手方事業者から金銭を回収した後、個々の消費者へと分配することになる。

⑶　特例法の運用状況

　元々特例法上の被害回復裁判制度は、従来の個別訴訟とは異なる新たな民事裁判手続として構想されたものであって、わが国の、さらにいえば世界における既存の民事手続にはみられない制度設計が採用されている。そのため、特例法の立法過程では、特に事業者側から制度の濫用とそれによる事業活動への支障に対する懸念が強く主張され、それに対する手当てとして適用場面をかなり絞り込んだ経緯がある。具体的には、消費者被害のうち一定の類型に属するものを一律に救済の対象から除外し、原告適格を個々の消費者には認めず適格消費者団体（その中でもさらに特例法上の特定認定を経たもの）に限定するとともに、被告適格を原則として消費者契約の当事者たる事業者に限定し、その背後にいる個人は除外した（前記⑵(A)参照）。特例法が導入しようとする集団的な被害回復のための制度が消費者にとっても事業者にとっても未知の存在であったことを考えると、その濫用に対する懸念は十分に理解できるところであり、被告適格の限定は制度の導入についてのコンセンサスを得るうえでは不可欠の対応であったといえよう。

　しかし、施行後の実際の運用状況をみる限り、そうした懸念は現実のものとはならなかった。2016年の施行以降、特定適格消費者団体としての認定を受けたのは４団体、実際に共通義務確認訴訟が提起されたのは４例にとどまっており（なお、これに加え、改正特例法成立後に提訴された事案が３例ある）、事業者の健全な事業活動の妨げとなるような制度の濫用があったとは評しがたい（次頁〔表１〕〔表２〕参照）。また、共通義務確認訴訟の提起に至った事案の中にも、消費者の被った損害のうち一部が特例法の適用対象からはずれるため、原告団体の勝訴が確定してもなお個々の消費者が個別に訴訟を提起

⑽　手続の当事者である債権届出団体と相手方事業者のほか、届出消費者による異議の申立ても認められている（特例法46条〔改正特例法49条〕２項）。債権届出団体は簡易確定決定の内容（届出債権の存在を認めない判断）を争う意思がないが、届出消費者は納得していないという場合には、消費者自らが異議を申し立て、簡易確定決定の確定を阻止する必要がある。なお、異議後の訴訟については、消費者自身で追行することもできるし、債権届出団体に授権することもできる（ただし、「正当な理由」があれば、団体は授権契約の締結を拒絶できる。特例法53条〔改正特例法57条〕４項参照）。

〔表1〕 特定認定を受けた団体一覧（2023年11月現在）

認定時期	団体名（所在地）	実績
2016年12月	消費者機構日本（東京都）	事例1・2・3・6
2017年6月	消費者支援機構関西（大阪府）	事例5・7
2018年4月	埼玉消費者被害をなくす会（埼玉県）	事例4
2021年10月	消費者支援ネット北海道（北海道）	

〔表2〕 共通義務確認訴訟の利用状況（2023年11月現在）

事例	提起	事案の概要	原告	被告	結果
1	2018.12	医学部入試における得点調整	消費者機構日本	東京医科大学	判決確定、簡易確定手続終了（和解）
2	2019.4	情報商材の販売	消費者機構日本	ONE MESSAGEほか1名	上告・上告受理申立て中
3	2019.10	医学部入試における得点調整	消費者機構日本	順天堂大学	判決確定、簡易確定手続終了（和解）
4	2020.6	給与ファクタリング	埼玉消費者被害をなくす会	ZERUTA	判決確定、簡易確定手続終了
5	2023.4	イベント中止	消費者支援機構関西	スターリーナイトカンパニー	第1審係属中
6	2023.7	合唱フェスティバル不開催	消費者機構日本	JAEXA（文化芸能国際交流機構）	第1審係属中
7	2023.8	脱毛サロンの一方的な契約内容変更	消費者支援機構関西	Ladolce	第1審係属中

して救済を求めなければならなかった事案（〔表2〕事例1・3。後記3(1)参照）、特例法の定める要件を充足できないため訴え却下となり、共通義務に係る実体審理がなされなかった事案（〔表2〕事例2）もあり、消費者被害の救済につながっているとは必ずしもいえない状況にあった。

3　改正特例法の成立とその意義

　特例法の施行から4年を経た2021年（令和3年）3月、消費者庁は、「消費者裁判手続特例法等に関する検討会」を立ち上げた。この検討会では、特例法の運用状況（前記2⑶参照）を踏まえつつ、消費者にとっての利用のしやすさや特定適格消費者団体の社会的意義等といった多角的な視点から検討が進められ、同年10月にはその結果が報告書の形で公表された。それを受けて、2022年（令和4年）3月には法案が国会に提出され、同年5月に上述のとおり「消費者契約法及び消費者の財産的被害の集団的な回復のための民事の裁判手続の特例に関する法律の一部を改正する法律」が成立した。改正特例法は、2023年（令和5年）10月より施行された。

　改正特例法には、上にあげた報告書の中で提言されたものを中心に、救済範囲を拡大してより柔軟かつ実効性ある解決を可能にするための複数の改正点が含まれている。以下では、その内容を順に紹介する。

⑾　特例法は「施行後3年を経過した場合」に規定の見直しをすべき旨を定めていたが（特例法附則5条）、施行後3年経過時点（2019年（令和元年）10月）ではまだ最初の提訴事案である〔表2〕事例1すら第1段階の途中であったため、その帰趨を見届けた後（2020年（令和2年）3月に共通義務の存在を確認する判決が言い渡され、双方控訴せず確定している）、予定より遅れて改正作業に着手した。

⑿　「消費者裁判手続特例法等に関する検討会」における議論の経過および報告書の内容は、消費者庁ウェブサイトから閲覧可能である（以下の本文および脚注で「報告書」、「検討会第○回資料」とあるのは、下記ウェブサイト掲載の報告書および会議資料を指す）〈https://www.caa.go.jp/policies/policy/consumer_system/meeting_materials/review_meeting_003/〉。

⒀　本文に掲げる法律自体は、公布から1年後の2023年6月に施行されているが、適格消費者団体の事務に関する改正規定および特例法に関する改正規定のみ、同年10月より施行することとされた。

⒁　紙幅の関係上、網羅的ではない。本文に掲げたもののほか、消費者への情報提供の拡充（事業者等による個別連絡義務〔改正特例法28条〕、行政による公表〔同法95条〕等）、時効に関する規律の見直し（完成猶予事由の追加〔同法68条〕）、環境整備（消費者団体訴訟等支援法人による支援〔同法98条以下〕）なども新たに規律されている。

(1) 対象となる損害の拡大

すでに述べたように（前記2(2)(A)(b)参照）、特例法は、共通義務確認訴訟による救済を求めることのできる対象として、事業者の消費者に対する金銭支払義務のうち債務の履行請求、不当利得返還請求、債務不履行による損害賠償請求、不法行為に基づく損害賠償請求（民法の規定によるものに限る）の4つをあげたうえで（特例法3条1項各号）、一定の範囲で対象から除外する（同項各号）、という規律を採用した。

しかし、とりわけ精神的損害について、制度の対象から除外することには異論も少なくなかった。除外の根拠は消費者ごとの個別性が強く簡易迅速な権利判定が困難である点に求められているが、通常の民事訴訟においては共同訴訟の原告らが慰謝料として一律金額の請求を定立し、裁判所がこれに応じて一律金額を認定する取扱いも否定されていない。また、裁判官の裁量により算定される慰謝料には財産的損害の賠償（しばしば立証困難ゆえに認定額が低くなってしまう）を補完する機能があると解されており、財産的損害に対する請求とあわせてこれを請求することは消費者の実質的な救済や事案の一回的解決を図るうえで必要性が高いといえる。これらの点を踏まえると、集団的な被害回復におよそなじまないとまではいえないように思われる。

さらに、特例法の運用開始からほどなくして、慰謝料が制度の対象からはずれていることの不都合が顕在化する例も現れた。消費者に生じた被害の中でも精神的苦痛を受けたことによる損害がその中核をなす事案につき、共通義務確認訴訟およびその後の簡易確定手続は順調に推移したにもかかわらず、慰謝料等を請求するために消費者が別途通常の民事訴訟を提起せざるを得ない事態が生じたのである（〔表2〕事例1・3）。

そこで、改正特例法では、慰謝料のうち「その額の算定の基礎となる主要な事実関係が相当多数の消費者について共通」しており、ⓐ「財産的請求……と併せて請求されるものであって、財産的請求と共通する事実上の原因

---

(15) 改正に際してはこの限定をはずすことも検討されたが、具体的な不都合が生じていない等との指摘もあり、引き続き検討すべき課題として残された（報告書14頁）。

に基づく」か、あるいは⑥「事業者の故意によって生じた」損害については、共通義務確認の訴えを提起することができることとした（改正特例法3条2項6号イ・ロ。法令名の表記も「財産的被害の集団的な回復……」から「財産的被害等の集団的な回復……」へと改められている）。これにより、経済面よりむしろ精神面での損害をもたらすような消費者被害事案において、一層実効的な被害回復が可能になることが期待される。

(2) 被告適格の拡大

すでに述べたように（2(2)(A)(a)参照）、特例法は、共通義務確認訴訟の被告を「消費者契約の相手方である事業者」に限定している（特例法3条3項1号。なお、同項2号はこれと並んで「債務の履行をする事業者又は消費者契約の締結について勧誘をし、当該勧誘をさせ、若しくは当該勧誘を助長する事業者」の被告適格をも認めている）。特例法の立法過程においては、事業者以外の個人（代表者その他の役員、実質的支配者等）にも被告適格を認めるべきとの声があったものの、業務執行に対する萎縮的効果が生じるおそれがある、被告適格の有無の判断が難しくなる等の理由から、事業者に限定されたという経緯がある。

(16) 消費者機構日本が東京医科大学を被告として共通義務確認訴訟を提起した事案。ここでは、入試方法が不公正であったことにより被った損害として、①受験費用、②受験のための旅費および宿泊費、③機構への報酬、の3種が主張された（ただし、判決では②は支配性要件〔特例法3条4項〕を欠くものとして斥けられている）。しかし、この事案における消費者被害の本質は、受験のための費用支出ではなく、本来あるべき公正な方法での受験機会を失ったことであり、それによる精神的損害を慰謝するための金銭こそが損害賠償の中核をなすはずである。そのため、受験生のうち一部は、慰謝料等の支払いを求めて同大学を被告とする民事訴訟を提起するに至ったが、第1審では受験慰謝料として一律20万円、不合格慰謝料として100万円ないし150万円が認定されており（東京地判令和4・9・9LEX/DB文献番号25572431）、上記①が受験1回あたり数万円にとどまるのと比較して高額の損害賠償が認められている。その後、原告は慰謝料が低額に過ぎるとして控訴し、控訴審判決においては不合格慰謝料として最大300万円が認定された（東京高判令和5・5・30LEX/DB文献番号25572936。このほか、第1審では認められなかった浪人した受験生の予備校費用150万円も認定。これに対して、受験慰謝料は20万円との認定が維持された）。また、同種事案である〔表2〕事例3においても、同様に受験生の一部が民事訴訟を提起しており、受験慰謝料として30万円が認定されている（東京地判令和4・5・19LEX/DB文献番号25572282〔確定〕）。

　しかし、その後、特例法を運用していく中で、契約相手方たる事業者のみを被告とするのでは救済の実効性に不安があることが明らかになってきた。実際に、共通義務確認訴訟を経て簡易確定手続に進んだものの契約相手方たる事業者自身の手元にはみるべき財産がほとんど残っておらず、消費者の受けた被害のうちわずかしか回復するに至らなかった例もあり（〔表2〕事例4）[17]、当該事業者以外の法人ないし個人といった利益の移転先への責任追及の必要性が高いことがあらためて浮き彫りになった。

　そこで、改正特例法は、契約相手方たる事業者以外にも被告適格を広げることを決断した。ただし、当初の議論でみられた懸念も踏まえて、その範囲は慎重に絞り込むこととした。すなわち、「事業者の被用者が消費者契約に関する業務の執行について第三者に損害を加えた」場合を念頭に、①民法715条1項の使用者責任を負う事業者のうち「当該被用者の選任及びその事業の監督について故意又は重大な過失により相当の注意を怠ったもの」（改正特例法3条1項5号イ）、②民法715条2項の使用者責任を負う事業監督者のうち、「当該被用者の選任及びその事業の監督について故意又は重大な過失により相当の注意を怠ったもの」（同号ロ）、③「第三者に損害を加えたことについて故意又は重大な過失がある」被用者（同号ハ）、という3類型を新たに規定し、これらに限って被告適格を認めている。

　特例法下におけるよりも救済の範囲を拡充しつつ、事業者の経済活動へ悪影響が及ばないよう配慮した制度設計であるが、ここにいう「故意」や「重大な過失」の意義は必ずしも一義的に明確ではなく、事業者、被用者側にとっ

----

(17)　埼玉消費者被害をなくす会がZERUTAを被告として提起した共通義務確認訴訟およびそれに続く簡易確定手続を指す。確認訴訟では、被告がいっさいの防御をしなかったため、原告の請求を全部認容する判決がなされた（さいたま地判令和3・2・26LEX/DB文献番号25590956）。原告団体は、提訴の翌月に仮差押えの手続をとり（特例法56条〔改正特例法61条〕参照）、弁済原資の確保に努めていたのであるが、本執行により回収できたのは簡易確定手続で確定した債権額（約2045万円）のうちわずか1割弱（約193万円）にとどまった（なお、仮差押決定を受領した直後に被告事業者は営業活動を停止し、事実上廃業しており、これ以上の債権回収の見込みはない）。報道によれば、被告事業者は2018年（平成30年）から4年間で50億円を貸し付け、13億円の利益を得ていたとされるが、そのほとんどが消費者の被害回復にはあてられないまま散逸したことになる。

て手続における予測可能性が十分に確保されていないのではないかという疑義は完全には払拭されていない。誰が、どのような場面で責任を問われるのかを明らかにするため、解釈論の進展および裁判例の蓄積が待たれる。

(3)　和解の対象の拡大

特例法は、共通義務確認訴訟における和解について、「当該共通義務確認訴訟の目的である第2条第4号に規定する義務〔筆者注：「相当多数の消費者……に共通する事実上及び法律上の原因に基づき……金銭を支払う義務」〕の存否について」のみ可能であるものと規定していた（特例法10条）。ここでは、訴訟物たる共通義務の存否に係る和解のみが許容されており、共通義務の存否を前提とした個々の消費者の権利（それに対応する事業者の義務）について和解することは想定されていない。訴訟上の和解をなすにはその対象となる権利利益につき当事者が任意に処分できる権限を有していることが必要であるところ、特定適格消費者団体には個々の消費者の実体的権利を処分する権限までは付与されていないからである。したがって、ここでの和解の意義は、共通義務の存在を認める判決の確定を待たず直ちに簡易確定手続に進むことができるという点に尽きる。

このような規律に対しては当初より消極的な評価がなされており、当事者があえて和解に応ずるインセンティブがどの程度あるか疑問であるとの声が上がっていた。訴訟の提起から判決までには必然的に一定の時間がかかるほか、原告団体にとっても被告事業者にとっても訴訟追行の負担は軽いものではないため、訴訟上の和解による早期解決の可能性に乏しいことは共通義務確認訴訟の制度そのものに対する評価を引き下げてしまうことになりかねない。

---

(18)　簡易確定手続においては、債権届出団体は「届出債権について、和解をすることができる」とされており（特例法37条〔改正特例法40条〕）、改正後も変更はない。本文の場合と異なり、内容について特段の制限はなく、また効果についても特に規定がないため、民事訴訟法の規律に従うことになる（特例法50条〔改正特例法53条〕・民訴267条）。
(19)　消費者庁消費者制度課編・前掲注(3)54頁。

そこで、改正特例法では、和解の対象を限定していた特例法10条の規定を削除した。これにより、共通義務の存否に加えて、個々の消費者の有する実体的権利の存否や内容、事業者が金銭支払義務を認める場合の支払方法（簡易確定手続を利用するか否か、誰に金銭を支払うか（原告団体のほか、個々の消費者や改正特例法により新設された消費者団体訴訟等支援法人を選択する余地もありうる））、さらには事業者による情報開示、謝罪といった事項についても広(20)く和解条項に取り込むことができるようになった。和解内容としては、たとえば、㋐債務不履行等に基づく責任の有無については明らかにせず、解決金等の名目で事業者が消費者に一定額の金銭を支払うこととする、㋑共通義務の存在を前提に、個々の消費者の債権額まで確定する、㋒共通義務の存在を前提に、事業者が消費者全体に支払うべき金銭の総額を確定する、㋓個々の消費者の債権額を確定したうえで、簡易確定手続を経ない支払方法（たとえば、事業者が直接に個々の消費者へ支払いをする）についても合意する、といっ(21)たものが想定されるところであり、紛争の実態に即したより柔軟な解決ができると期待される。

　また、改正特例法では、想定される和解内容ごとに当事者が明らかにすべき事項を新たに定めている。具体的には、①共通義務が「存することを認める旨の和解をするとき」には、「対象債権及び対象消費者の範囲」、「当該義務に係る事実上及び法律上の原因」についても明らかにする必要がある（改正特例法11条1項各号）。また、②「対象債権以外の金銭の支払請求権（……「和解金債権」……）が存することを認める旨の和解をするとき」は（上記㋐参照）、「当該和解の目的となる権利又は法律関係の範囲」、「和解金債権の額又はそ

---

(20)　特例法のもとでも、本文にあげた情報開示や謝罪といった事項は訴訟物（共通義務）に付随するものとしてあわせて訴訟上の和解の対象とすることが可能であると解されていた（消費者庁消費者制度課編・前掲注(3)55頁）。また、通常の民事訴訟における和解では口外禁止・秘匿条項を入れる例が散見されるところ、共通義務確認訴訟における和解でも事業者側に一定のニーズがあると考えられ、改正特例法でもそれを制限していない（ただし、対象消費者への情報提供〔特例法25条ないし27条・90条〕、特定適格消費者団体による通知・報告〔同法78条〕といった法令上の義務に反することができないのは当然である。報告書20頁）。

(21)　報告書19頁以下参照。

の算定方法」および「和解金債権を有する消費者……の範囲」を明らかにする必要がある（同条2項。なお、この場合であっても簡易確定手続の利用は妨げられない旨も規定された。同法13条）。

このほか、③「共通義務確認の訴えを提起しない旨の定め」、すなわち不起訴の合意を含む和解が成立した場合につき、「当該定めは、当該共通義務確認訴訟の当事者以外の特定適格消費者団体に対してもその効力を有する」こととされた（改正特例法11条3項）。原告となっている特定適格消費者団体甲との間で不起訴の合意をしてもなお別の特定適格消費者団体乙からの提訴は妨げられないとすれば、事業者にとってその種の合意をする実益に乏しい。そこで、訴訟当事者間の合意の効力を他の特定適格消費者団体にまで拡張することとしたのである。[22]

4　今後の展望

(1)　改正特例法の意義

特例法により共通義務確認訴訟および簡易確定手続が導入されるに際しては、それが従来の民事訴訟とは多くの点で異なる規律を伴う全く新しい手続であったこともあり、積極的な利用に対する期待と同時に、あるいはそれ以上に、制度の濫用に対する懸念が強く示された。実際の運用状況が明らかになるにつれ、そうした懸念はいったんは払拭されたものの、今般の改正特例法が救済範囲の拡大に舵を切ったことで再び同様の懸念を抱く向きがあるかもしれない。

確かに、消費者被害の救済という側面を過度に強調すると、事業者にとっ

[22]　当事者間の合意の効力が第三者にも及ぶというのは法律構成として「やや異例であるが」（山本・前掲注(2)224頁）、共通義務確認訴訟においては判決効も原告以外の特定適格消費者団体等に拡張されること（特例法9条〔改正特例法10条〕）、また、原告が和解しようとする場合には遅滞なく他の特定適格消費者団体に通知しなければならないとされていること（特例法78条〔改正特例法84条〕1項7号。他の団体はこれを契機として訴訟に関与し、和解を阻止しうる。民訴52条1項参照）に照らせば、効力の拡張も不当ではないと解することができよう（山本・前掲注(2)225頁）。

てはリスクと受け止められ、事業活動に対する萎縮的効果をもたらすおそれがあることは否定できない。しかし、消費者被害の実効性を確保することは、消費者の消費活動を活性化し、ひいては事業活動の健全な発展に資するものでもある。その意味で、制度の利用範囲を拡大し、より実効的な消費者被害の救済をめざす方向で特例法の改正に至ったことは、消費者にとっても事業者にとっても歓迎すべきものであると考えられる。

　また、制度そのものからは少し離れるが、消費者被害の発生防止および被害回復にとって実務上極めて重要な役割を果たしているものとして、特定適格消費者団体による事業者に対する申入れ、あるいは事業者との間での訴訟外での交渉がある。申入れに対する事業者の任意の対応や交渉による合意形成を通じて問題解決が図られることは、訴訟の利用に比して時間的にも費用的にも負担が少ないことはもちろんであるが、消費者団体が事業者に敵対する立場ではなくむしろ協力的な立場から共に解決策を模索しうる点において、訴訟にはない固有のメリットを見出すことができる。ただし、そうした消費者団体の訴訟外での活動を支えるのはやはり「最終手段として裁判が控えている」という事実であり、消費者団体の事業者に対する交渉力は訴訟手続がうまく機能するという保証のもとでこそ最大限に発揮される。(23) その意味で、改正特例法は、直接には共通義務確認訴訟およびその後の裁判手続のしくみを改めるものであるが、間接的には消費者団体のもつ交渉力を強化することにも一役買っているといえよう。同法の施行により、裁判所の外においても、各消費者団体の業務が一層円滑に進むであろうことが期待される。

⑵　消費者にとっての今後

　改正特例法により被害回復の実効性が高まったことは、消費者にとっては

---

(23)　〔表2〕事例1・3と同様に医学部入試における得点調整が問題となった事案では、昭和大学、聖マリアンナ大学がそれぞれ特定適格消費者団体（消費者機構日本）による裁判外での申入れを契機として自主的に消費者被害の回復措置を講じている。いずれの大学も当初は申入れを拒んでいたが、その後一転して返金に応ずる旨の回答を示すに至っており、そこでは〔表2〕事例1において共通義務を確認する判決がなされたことが大きく影響したものとみられる。

福音である。しかし、特例法上の裁判手続は消費者による手続加入を待って初めて当該消費者のための被害回復が可能になるオプトイン型の手続であることから、消費者に手続利用の意思がなければ全く機能しない。消費者被害は元々周囲に相談しにくい実情があり、⁽²⁴⁾救済を求めることなく泣き寝入りしてしまう者が少なくないうえ、この裁判制度については現在もなお消費者に十分に認知されているとはいいにくい状況にある。⁽²⁵⁾改正の趣旨を全うするには制度に対する消費者の理解と信頼が不可欠であり、関係各所には引き続き積極的な周知・広報活動が期待される。

　なお、当然ながら、特例法の施行後も通常の民事訴訟を通じた被害回復の途は閉ざされていない。消費者が自ら訴訟を提起する場合、費用負担の軽減や証拠収集の便宜から複数人で共同して行うのが通例である（複数人による訴訟は、民事訴訟法の用語法でいえば「共同訴訟」（民訴38条以下）であるが、一般には「集団訴訟」と呼ばれることが多い）。消費者1人あたりの被害金額が高額であることの多い不動産や金融商品の購入が問題となるような事案ではもちろんのこと、⁽²⁶⁾特定適格消費者団体がさまざまな事情で訴訟を追行しない決断をした事案では、⁽²⁷⁾集団訴訟の提起が有力な選択肢になる。また、共通義

(24)　消費者契約に関して何らかの被害を受けた消費者のうち、誰かに相談したり専門機関に被害の申出をしたりした者の割合は37％、相談先として消費者団体をあげた者はわずか2.8％にすぎない（「消費者白書〔令和4年版〕」33頁）。

(25)　特例法施行から4年半が経過した2021年2月に実施されたアンケートによると、当該事案の発生前から消費者団体訴訟制度を知っていた者の割合は23％、原告団体（消費者機構日本）の存在を知っていた者の割合は13％にとどまる。また、特定適格消費者団体に対するイメージとして、（事業者に対して正当な主張をしている、公的に認定された団体である等の選択肢が上位を占める一方で）何をやっているのかわからないと答えた者が20％、不審な団体と区別がつかないと答えた者も10％いた（検討会第2回資料〔4-1〕4頁以下参照。〔表2〕事例1で簡易確定手続に係る通知を受けた消費者のうち65名から寄せられた回答である）。

(26)　〔表2〕事例2の事案では、高額の情報商材を購入した消費者のうち一部が、共通義務確認訴訟に先行して不法行為に基づく損害賠償を求める集団訴訟を提起していた（判決では被告事業者による不法行為の成立が認められ、購入代金相当額等の賠償が命じられている。東京地判令和元・7・3 LEX/DB文献番号25580909）。

(27)　特定適格消費者団体は、任意の交渉による解決可能性、提訴した場合の勝訴見込み、その後の執行可能性等を勘案して慎重な判断を行っているため、個々の消費者が望めば常に提訴に至るというわけではない。

務確認訴訟が提起された事案においても、同訴訟では訴訟追行は原告団体に委ねられていることから（個々の消費者には補助参加も禁じられている。特例法8条）、原告団体の方針に賛同しない消費者が独自に集団訴訟を提起することも考えられる。⁽²⁸⁾

　こうした集団訴訟と共通義務確認訴訟は一種の競合関係（いうなれば、消費者の取り合い状態）にあるといえ、特定適格消費者団体にはより多くの消費者を納得させられる（ひいては簡易確定手続でより多くの授権を得られる）ような適切かつ迅速な訴訟提起・追行が求められる。同時に、集団訴訟の名のもとに被害に遭った消費者を糾合し、手数料名目で金銭を支払わせるといった悪質な二次被害が生じるおそれも皆無ではないため、特定適格消費者団体にはそうした事態を回避するための適時かつわかりやすい情報発信が望まれるとともに、消費者側にも正確な情報把握と落ち着いた行動が求められる。

⑶　事業者にとっての今後

　事業者にとって改正特例法の規律が及ぼす影響は少なくないが、本稿で扱った中では共通義務確認訴訟における和解内容の柔軟化が特に重要である。消費者被害を争う訴訟が長引くことは、手間と費用の負担もさることながら、企業価値・ブランドイメージが低下するおそれ（レピュテーションリスク）をはらむ点において決して好ましい事態ではない。改正特例法により内容面での限定がはずれたことで、より早期の、かつ、一回的な解決を可能とするような和解の可能性が拓かれたことは、事業者の立場からみて大きな改善であったといえよう。

　また、本稿では詳しく扱うことができなかったが、「知れている消費者」に対する個別通知制度（改正特例法28条）、情報開示義務（特例法28条〔改正特例法31条〕）の実効性確保のための保全開示命令制度（改正特例法9条）の新設も、

---

　(28)　最近でも、マウスピース歯科矯正モニター事案、メンズ脱毛クリニック事案などにおいて、数百人規模の消費者らによる集団訴訟が提起されている。前者の事案においては、消費生活センターに相談したものの、「会社を訴えても裁判費用のほうが高くなる」などと言われ、解決策を見つけられずにいたところ、SNSを通じて他の消費者とつながり、集団訴訟に至ったとの経緯が報道されている。

事業者にとっては新たな負担となるが、改正の趣旨に則った適切な対応が求められる。

　繰り返しになるが、消費者被害の発生が防止され、生じた被害に係る救済が充実することは、消費者のみならず事業者（特に、健全な事業活動を展開している事業者）にとっても歓迎すべき方向である。「消費者の利益の擁護を図り、もって国民生活の安定向上と国民経済の健全な発展に寄与する」（特例法1条）という目的のために、消費者団体と事業者との間で一層の相互理解と協力が進むことを期待したい。

---

(29)　改正特例法のもとでの事業者側のとるべき対応については、鈴木翼「消費者裁判手続特例法の改正を踏まえた事業者側の対応戦略」NBL1231号（2022年）61頁以下参照。

▶ ▶ ▶ 実務へのアプローチ ▶ ▶ ▶

弁護士　小野寺友宏

実務へのQ&A

 集団的消費者被害回復訴訟制度の改正は、消費者の被害救済について

どのような点が改善されたのか。

A

2022年の消費者裁判特例法改正のうち、消費者に影響のある主な改正事項としては、①対象範囲の拡大、②和解の早期・柔軟化、③消費者への情報提供方法の充実があげられる。

1　対象範囲の拡大

従前は慰謝料が共通義務確認訴訟の対象外であったが、対象となる損害に一定の場合の慰謝料が追加された（改正特例法3条2項6号）。これにより、医学部入試における得点調整事件のように受験生が差別的な扱いを受けた場合や、故意の情報漏洩事件などにおいては、慰謝料請求が可能になった。また、改正法では、悪質商法に関与した事業監督者や被用者のうち故意または重大な過失がある者など、事業者以外の個人を被告とすることができるようになった（同条1項・3項）。

2　和解の早期・柔軟化

改正前の特例法でも、1段階目や2段階目の手続中で和解をすることはできたが、1段階目における和解ができるのは「共通義務の存否」に限定されていた（改正前特例法10条）。また、和解によって共通義務が認められたとしても、簡易確定手続開始の申立てを行うことが団体の義務とされており、2段階目の手続を経てから救済を実現することが想定されていた。

　これに対し、2022年改正法では、和解内容を限定していた特例法10条が削除されたことにより、たとえば、金銭支払い以外の方法による和解、解決金を支払う和解、消費者への支払いまでを完結する和解など、さまざまな和解ができるようになった（改正特例法11条2項）。

　また、共通義務確認訴訟において共通義務が存することを認める和解をした場合でも、和解において額または算定方法が定められている場合には、簡易確定手続を用いなくてもよいことになった（改正特例法15条2項）。

3　消費者への情報提供方法の充実

　対象となる消費者に対し、2段階目の手続への加入をより効果的に促すため、消費者への情報提供のルールが改正され、2段階目の手続において、事業者に消費者(知れたる債権者等)への個別通知が義務づけられた（改正特例法28条）。

　また、団体からの通知において、記載内容が多岐にわたってしまうと内容が複雑化してわかりにくくなること、通知のための費用もかかるなどの課題があったことから、改正法では、所定の内容（公告を行っているなど）を記載する場合には、一部の記載内容を省略できるようになり、団体からの通知の簡潔化が図られた（改正特例法27条2項）。

　内閣総理大臣の公表事項には、簡易確定手続開始決定の概要、団体の広告・通知の概要を公表することが追加された。また、追加された事項にあわせて、共通義務確認訴訟の確定判決の概要、団体の名称、相手方（事業者）の氏名・名称なども公表されることになった（改正特例法95条1項）。

Q2　　制度が改正されてもなお不十分な点はあるか。

A
　集団的消費者被害回復訴訟制度の改正は大きな前進ではあるものの、本制度にはまだまだ課題も少なくない。主な課題は以下のとおりである。

1 対象事件と回復可能な損害が限定的であること

対象事件が拡大されてはいるものの製造物責任法や金融サービスの提供に関する法律（旧金融商品の販売等に関する法律）などの請求への拡大は認められておらず、対象事件と回復可能な損害の範囲が不十分である。

2 対象消費者への通知費用やその他のコストを団体負担としていること

第2段階における対象消費者への通知費用やその他の費用を特定適格消費者団体の負担としている点も問題である。このような制度であると、十分な収益を見込むことができない場合、特定適格消費者団体は提訴に慎重にならざるを得ない。また、そのコストを対象消費者から回収するという制度になっているため、対象消費者の多くが手続参加を見合わせるおそれがある。

3 事業者の財産保全の方策が不十分であること

被保全債権を特定しない仮差押えを創設したものの、その保証金は極めて高額になる可能性が高く、敗訴のリスクもあることを考えると仮差押申立てには慎重にならざるを得ない。

悪質商法の被害に遭った消費者の被害回復のためには、集団的被害回復訴訟制度のみでは不十分であり、特定適格消費者団体または行政機関に破産申立てをする権限や、行政庁が加害者の財産を保全し違法収益を剥奪する制度などを設ける必要がある。

② 美容医療契約（自由診療）における経済的被害

東京都立大学法学政治学研究科・法学部教授　**小笠原奈菜**

本稿の概要

✓　近年、美容医療に関するトラブルが増加している。これには、身体的な被害だけではなく経済的被害が含まれている。経済的被害については、契約内容の説明不足や施術結果の不満足、中途解約時の返金問題、そして事業者の突然の倒産による既払金の不返還などがある。

✓　経済的被害を受けた消費者の被害回復の方法として、説明義務違反が裁判では用いられている。施術の結果が患者の主観にも依拠するため、十分な説明がない場合、患者の期待と異なる結果が生じることがある。このような場合、誤解を招く情報提供や説明の不足を理由として損害賠償が認められている。

✓　患者が一定の結果を求めて施術を受ける契約の場合には請負的な要素が強い契約ととらえ、患者の期待と異なる結果が生じた場合、契約不適合として事業者の責任を追及することが考えられる。

✓　「有償での施術期間・回数」と「無償での施術期間・回数」を区別するプランを提供するなど特定商取引法の適用を回避するような事業者の行動に対して、適格消費者団体が法的根拠をもとに申入れを行い、不適切な条項の修正や撤回を求める活動を展開することが考えられる。

1　はじめに

　医療脱毛、脂肪吸引、豊胸手術、二重まぶた手術、包茎手術、審美歯科といった美容医療に関するトラブルについて、身体的被害が多く生じており報

道でも問題視されている。最近では、医師免許が必要な脱毛をエステティックサロンで行い、客にけがを負わせたとして医師法違反と業務上過失致傷の疑いで書類送検されたという事件もあった。一方で、経済的被害についてのトラブルも多く発生している。最近では、男性向け医療脱毛クリニックが営業を停止し、返金を求めている事件もある。身体的被害についてのトラブルの検討もすべきではあるが、本稿では経済的被害のみが生じた場合を扱う。また、脱毛に関してはエステティックサロンにおけるトラブルが身体的被害、経済的被害共に多いが、本稿では、美容医療という共通性をもつ医療脱毛についてのみ扱うこととする。

　経済的被害のみが生じる事案として、契約内容（治療の結果および料金）に関する説明が不十分であるものと、治療を受けたが思うとおりの結果が生じなかったという施術に関するものとに大別され、思うとおりの結果が生じていない場合に中途解約をしようとしても、不返還条項により施術を受けなかった分の代金が返金されないという被害がある。本稿では、①説明義務違反、②中途解約の際の不返還条項、③債務が中途で履行されなくなるという事業者の倒産の場合について検討を行う。美容医療に関しては、施術としては不適切ではないが、当事者の主観的な満足が得られない場合や客観的な効果が得られない場合がある。契約内容に適合しない履行がなされた場合には契約不適合が問題となりそうであるが、美容医療の場合には説明義務違反の有無が争われる事案が多い。以下、美容医療契約において経済的被害のみが生じた事案を紹介する。

(1) 説明義務違反

　大阪地判平成27・7・8判時2305号132頁は、皮膚のしわ、たるみ等を改善すると称する美容療法の施術を受けたが全く効果がなかった事案におい

---

(1)　2023年6月21日付け朝日新聞夕刊7頁。

(2)　NHK NEWS WEB「メンズ医療脱毛クリニック "営業停止" 利用者が返金求め提訴」（2023年7月19日配信）〈https://www3.nhk.or.jp/news/html/20230719/k10014135491000.html〉（2023年7月24日閲覧）。

(3)　岡田希世子「美容医療契約の特質」九州産業大学経営学論集26巻3号（2016年）52頁。

て、医師の説明義務違反を認め、不法行為に該当するとして、約203万円の損害賠償（施術費用相当額約134万円、化粧品代相当額約9万円、慰謝料30万円、弁護士費用30万円）を認容した。なお、逸失利益の賠償は否定した。

⑵ 中途解約の際の不返還条項

津地裁四日市支判令和2・8・31判時2477号76頁は、インプラントの施術を内容とする歯科医療契約について、「※患者さんの都合により治療を中断された場合、原則として治療費の返還はいたしかねます」との不返還条項があり、施術前に患者（高齢者）が死亡した事案について、本件不返還条項は、消費者契約法10条により無効になり、すでにした履行の対価分を超える分については、不当利得となるとした。

インプラントの施術は特定商取引法が規定する美容医療にはならないが、自由診療である点で美容医療と共通する問題があるため、本稿で扱う。なお、ここでいう自由診療とは、包括的な医療契約の中の一部について自由診療になるという類型ではなく、包括的な医療契約が全体として自由診療（一般診療が入る余地がない）という類型である。

⑶ 事業者の倒産

男性向けの医療脱毛クリニックが営業を停止し、サービスを受けられなくなったとして、利用者たちが支払済みの代金の返還を求める訴えを提起した。[4]

⑷ 本稿の構成

後記2では美容医療の特質について紹介し、3では経済的被害を引き起こす原因について述べる。4では具体的な経済被害についての裁判例を紹介し、最後に5で美容医療契約に関する適格消費者団体の活動を紹介する。

---

(4) なお、当該事案についてはアディーレ法律事務所が、被害者の相談、返金手続の代理などの提供を行っていた〈https://www.official.adire.jp/campaign/datsumou/〉（2023年7月24日閲覧）。

2 美容医療の特質

美容医療契約において具体的にどのような場合に、どのような経済的被害が生じるかを検討する前提として、美容医療の特質について説明する。

(1) 美容医療の特異性

美容医療は、疾病の治療および予防を目的とする固有の意味での医療行為と比較するとき、とりわけ、①医学的適応性（必要性）の乏しさ、②緊急性の乏しさという点で特異性が認められる[5]。ほかに、③専ら手術を受ける者の主観的願望を満足させるための一定の効果や結果の発生が期待されていること[6]、④ほとんどの美容診療が自由診療のため健康保険が使えず治療費が高額になること[7]、⑤インターネット上のウェブサイト等の広告・宣伝により患者の誘引を展開していること[8]が特異性としてある[9]。

(2) 美容医療における債務

医師・医療機関と患者の間には、通常の場合、医療契約（診療契約）が存在するとされ、通説はこの契約を準委任契約と性質決定する[10]。これは、主

---

(5) 菅野耕毅『医療契約法の理論〔増補新版〕』（信山社、2001年）196頁～197頁、廣瀬美佳「判批」医事法判例百選〔第2版〕（有斐閣、2014年）75頁、上田元和「美容整形医療をめぐる諸問題」福田剛久ほか編『最新裁判実務大系(2)』（青林書院、2014年）564頁～565頁。

(6) 菅野・前掲注(5)196頁～202頁、西田幸典「判批」医事法判例百選〔第2版〕73頁～74頁。

(7) 小田耕平「美容医療をめぐる判例」現消26号（2015年）20頁、岡田希世子＝髙橋公忠「美容医療における情報提供の在り方」九州産業大学産業経営研究所報51号（2019年）11頁、青木律「美容医療の現状といわゆるエステサロンと美容医療の違い」ウェブ版国民生活135号（2023年）19頁。

(8) 小田・前掲注(7)20頁、岡田＝髙橋・前掲注(7)11頁。

(9) 小笠原奈菜「美容医療における医師の説明義務（大阪地裁平成27年7月8日判決）」消費者法判例百選〔第2版〕（有斐閣、2020年）201頁。

(10) ただし、無名契約であるとする有力説が存在し、これに加えて、そもそも契約の存在を否定する見解も存在する（米村滋人『医事法講義』（日本評論社、2016年）26頁～27頁）。

として請負契約との対比において、医療側の義務内容は治癒の結果の実現（結果債務）ではなく適正な医療の実施（手段債務）であることに由来する。[11]

　義歯製作や美容外科治療などは例外的に請負契約（結果債務を生じる契約）となるとの見解もある。[12] さらに、美容医療契約は、請負契約的性格の相当強い契約と解するとするものもある。[13] その理由として、美容医療契約については、患者は結果が約束されたものでなければ、施術を受けようとしないことをあげる。この説に基づくと、美容医療契約において、患者が一定の「結果」を求めて施術を受ける場合のように治療の目的が明確な場合には、請負の性格を有する契約となるといえ、患者の希望する「結果」に関して医師に何らかの注意義務が課されることになる。そして、結果が内容どおりに実現されないときは、債務不履行責任あるいは不法行為責任を追及できる可能性があることになる。[14]

　一方で、美容医療も一般の医療契約と同様に準委任契約と性質決定すべきとする見解もある。[15] 美容医療も医療である以上は合併症のリスクを当然に内包し、結果保証の特約がない限り他の医療と区別する根拠に乏しいことから、請負契約と性質決定することは適切ではないとする。この説に基づくと、美容医療も一般の医療契約と同様に、医療側当事者は、患者に対し適正な医療の提供義務を負い、この義務は原則として結果保証の趣旨を含まない手段債務であり、適正な医療を実施していれば治癒という結果が得られなくとも債務不履行とはならないことになる。準委任契約であることから、医療側は善管注意義務（民法644条）を負うが、これは医療水準に適合する医療の実施を意味すると解することになる。

---

(11)　米村・前掲注(10)99頁。

(12)　岡田・前掲注(3)54頁〜55頁。

(13)　岡田・前掲注(3)54頁〜55頁、鈴木俊光「新生児死亡事件」医事判例百選（有斐閣、1976年）79頁。

(14)　岡田・前掲注(3)54頁〜55頁、菅野・前掲注(5)200頁、稲垣喬「医療事故と被害者の過失」判タ325号45頁参照。

(15)　米村・前掲注(10)99頁。羽田さゆり「美容医療に関する消費者問題——2016年特定商取引法改正を踏まえて」消費者市民ネットとうほく編『先端消費者法問題研究』（民事法研究会、2018年）246頁も、美容医療を準委任契約ととらえるべきとする。

3 経済的被害を引き起こす原因

(1) 説明義務違反[16]

　医学的適応性（必要性）や緊急性に乏しい等の美容医療の特異性を理由とし、医師に課される説明義務の内容・程度が一般の医療よりも加重されるととらえられている[17]。加重の根拠として、一定の効果や結果の達成を目的とする点が指摘される[18]。美容医療の場合、医師が説明義務を尽くせば当該医療行為を受けなかった高度の蓋然性を認めることができるため、生じた結果すべてについて賠償責任を負うべきであるという見解がある[19]。

(2) 中途解約の際の不返還条項

(A) 特定商取引法が適用される場合

　2017年に特定商取引法施行令が改正され（別表第４の２の項）、美容医療サービスが特定継続的役務提供となった。別表第４の２の項は、「人の皮膚を清潔にし若しくは美化し、体型を整え、体重を減じ、又は歯牙を漂白するための医学的処置、手術及びその他の治療を行うこと」と規定したうえで、「美容を目的とするものであつて、主務省令で定める方法によるものに限る」という限定を設けている。

　特定商取引法施行規則91条（2023年改正前31条の５。令別表第４の２の項の主務省令で定める方法）により、脱毛（１号）、にきび・しみ・ほくろなどの除去（２号）、皮膚のしわ・たるみの症状の軽減（３号）、脂肪の減少（４号）、歯

---

(16) 美容医療における医師の説明義務については、小笠原・前掲注(9)200頁以下参照。

(17) 廣瀬美佳「美容整形の医療過誤」太田幸夫編『新・裁判実務大系(1)』（青林書院、2000年）370頁、家永登「判批」医療過誤判例百選〔第２版〕184頁。加重の根拠としてはほかに、依頼者本人の主観を拠り所とする点も示されている（廣瀬・前掲注(17)370頁、岡田・前掲注(3) 56頁）。

(18) 廣瀬・前掲注(5)75頁。

(19) 西田・前掲注(6)73頁。

〔表〕　美容を目的とするものであって、主務省令で定める方法

	施行規則91条	逐条解説
脱毛	光の照射又は針を通じて電気を流すことによる方法	レーザー脱毛、針脱毛など
にきび・しみ・ほくろなどの除去	光若しくは音波の照射、薬剤の使用又は機器を用いた刺激による方法	レーザー又は超音波を照射する機器によるもの、ケミカルピーリングや高周波を照射する機器によるものなど
皮膚のしわ・たるみの症状の軽減	薬剤の使用又は糸の挿入による方法	ヒアルロン酸注射や糸によるリフトアップなど
脂肪の減少	光若しくは音波の照射、薬剤の使用又は機器を用いた刺激による方法	レーザー又は超音波を照射する機器によるもの、脂肪溶解注射によるものや脂肪を冷却する機器によるものなど
歯牙の漂白	歯牙の漂白剤の塗布による方法	ホワイトニングジェルを注入したマウストレーを装着させることによるもの

牙の漂白（5号）についての方法が〔表〕のとおり定められている。[20]

　美容医療サービスについて、期間が1カ月超えでかつ金額が5万円を超える契約が特定商取引法の適用対象となる（施行令24条および別表第4の1の項）。役務提供の開始前の中途解約の場合は、2万円を超える違約金や損害賠償金を請求することはできない（施行令30条および別表第4の2の項）。役務提供後の中途解約の場合は、「5万円または契約残額の20％に相当する額のいずれか低い額」＋「提供された役務の対価に相当する額」を超える違約金や損害賠償金を請求することはできない（施行令31条および別表第4の2の項）。

[20]　齋藤雅弘=池本誠司=石戸谷豊『特定商取引法ハンドブック〔第6版〕』（日本評論社、2019年）409頁、消費者庁「特定商取引に関する法律の解説（逐条解説）」287頁〜288頁〈https://www.no-trouble.caa.go.jp/pdf/20230623la03_08.pdf〉（2023年11月1日最終閲覧）参照。

(B) 特定商取引法が適用されない場合

美容医療契約でも数回の施術で終了し期間が１カ月を超えない契約は特定商取引法が適用されない。また、「有償での施術期間・回数」と「無償での施術期間・回数（アフターサービス）」とに分かれている通い放題プランで、数回の施術を受けたあとに中途解約をした場合でも、有償での施術は履行済みであり返金がなされないという場合がある。脱毛エステの事案ではあるが、東京都消費者被害救済委員会で恣意的に無料の回を設定して中途解約時の返金額を抑えようとしたこと等が争点となった事案がある[21]。東京都消費者被害救済委員会は以下の判断を行った。「本件で有料で受けられる４回分のサービスと、無料で受けられる５回目以降のサービスの内容は同じだからである。また、申立人は『回数が多い方がより効果がある』と勧誘されて、30回の施術を受けられる本件契約を締結している。これらの事情をふまえると、30回の施術すべてが、均等な経済的価値を有する役務であって、４回目までと５回目以降とで対価の有無を区別する合理性はない。特定商取引法の立案担当者が『無償で提供されるとは、単に役務のみが外見上「無償で」提供されることを意味するのではなく、実質的に「無償で」提供されることを意味』するとしており、具体的には、『社会通念上独立して経済的価値を有する役務であって役務の提供を受ける者も当該役務の提供について経済的価値を認識して（すなわち有償であると認識して）いる場合においては、実質的には当該取引全体として有償の役務提供がなされているものと考えられる』と述べている点も参考になる。むしろ、相手方の対価設定をそのまま踏襲すると、提供済み役務の対価が高額となることから、相手方は同法第49条第２項に基づく精算や後述する当日キャンセルの場合のキャンセル料を高額にするために本件のような対価を設定しているとみられてしかるべきである。以上をふまえ、本件では、役務提供１回の単価を、約50万円÷30回で計算した約16,000円とすべきである[22]」。そのうえで、消費者契約法９条１号該当性を検

---

(21) 東京都消費者被害救済委員会「全身脱毛エステティックサービス契約に係る紛争案件　報告書」（2022年６月）〈https://www.shouhiseikatu.metro.tokyo.lg.jp/sodan/kyusai/documents/92houkokusyo.pdf〉。

(22) 東京都消費者被害救済委員会・前掲注(21)10頁～ 11頁。

討すべきとする。

　他に、特定商取引法が適用されないものとして、インプラント施術がある。このような特定商取引法が適用されない契約の条項については、消費者契約法10条に基づいて当該条項が無効となるかが問題となる。下級審裁判例では、前掲・津地裁四日市支判令和2・8・31がある。本判決は、インプラントの施術を内容とする歯科医療契約について、「※患者さんの都合により治療を中断された場合、原則として治療費の返還はいたしかねます」との不返還条項があった事案である。本件歯科医療契約は消費者契約であるとし、民法656条の準委任契約に位置づけたうえ、本件不返還条項は2017年改正前の民法648条3項（履行の割合に応じた報酬請求）に比べて消費者の権利を制限しており消費者契約法10条前段要件を満たすとしたうえ、後段要件についても、①対価性を損なう規定であること、②身体的侵襲を伴う契約であり患者の意思に基づくものでなければならないところ、本件条項によって患者が治療を中断したり転院する機会が制限されうること、③定型文であり個別に交渉され合意された条項でないこと、④即日契約であること、⑤患者らが高齢であること、等を総合判断してこれを満たすとしている。(23)

⑶　事業者の倒産

　事業者が倒産した場合、未消化分の施術代の返還請求権は破産債権となり、配当するに足る破産財団が形成された場合に、債権調査期間を経て行われる配当手続によってのみ返還を受けることができる。消費者は一般債権者の扱いで清算配当を待つことになるが、清算は、優先債権（税金や従業員の給料等）への支払いを終えてから行われるため、配当はほとんど期待できない場合がある。役務提供期間内で施術回数が残っており、クレジット分割払いをしている途中の場合は、クレジット会社への以降の支払いの停止を求める抗弁を主張することができる。(24)

---

(23)　本判決の評釈として、髙嶌英弘「医療契約に消費者契約法10条が適用された事例（津地四日市支判令2・8・31）」現代民事判例研究会編『民事判例25　2022年前期』（日本評論社、2022年）122頁以下がある。

4　具体的な経済的損害

　前記3で示した原因により経済的被害が生じた場合に、具体的にどのような損害が生じるのかを検討する。

(1)　説明義務違反

　説明義務違反による損害として、自己決定権侵害等を理由として慰謝料が認められている。慰謝料のみを認めたものとして、大阪地判昭和48・4・18判時710号80頁（アカンベ事件）、京都地判昭和54・6・1判タ404号123頁（重瞼術）、名古屋地判平成19・11・28判例集未登載（平成16年(ワ)第4918号（隆鼻術））、東京地判平成24・9・20判タ1391号269頁（脂肪吸引）、東京地判平成24・10・18判例集未登載（平成22年(ワ)第22401号（豊胸手術））、東京地判平成28・11・10判タ1438号199頁（フェイスリフト）等がある。さらに、適切な説明を受けていれば当該医療行為を受けなかったことを高度の蓋然性をもって証明できた場合には、支払った治療費等を含む財産的損害も認められている。認めたものとして、名古屋地判昭和56・11・18判タ462号149頁（永久脱毛）、東京地判平成7・7・28判時1551号100頁（腋臭・多汗症手術）、東京地判平成19・1・31判時1988号28頁（季肋部突出解消）、東京地判平成25・2・7判タ1392号210頁（豊胸手術）がある[25]。

　このうち、前掲・東京地判平成25・2・7は、医師が手術の効果について適切な説明を行っていれば、患者が本件手術を受けなかったこと、および患者が受けた豊胸手術は患者が期待した程度の豊胸効果が得られなかったという「結果」は、患者にとって「結果的に無価値」であったとして、医師の説明義務違反と相当因果関係にある損害として手術費・医療費・慰謝料などが認定された。また、東京地判平成13・7・26判タ1139号219頁（下顎骨削り）は、美容整形手術によって、患者の主観的な願望を損なう結果となったこと

---

[24]　国民生活センター「契約中のエステサロンが破産した！」〈https://www.kokusen.go.jp/t_box/data/t_box-faq_qa2020_11.html〉（2023年3月15日最終閲覧）。
[25]　小笠原・前掲注(9)201頁。

による精神的な苦痛による慰謝料を認定した。[26]

　前掲・大阪地判平成27・7・8は、説明義務違反があった場合、特段の事情がない限り、「説明がされなかった結果、……当該美容診療を受けるに至ったものと認めるのが相当である」とする。本件では特段の事情が存在する高度の蓋然性は認められないとし、施術費用および化粧品代相当額について損害として認めた。従来の裁判例では、説明義務違反が認定された場合でも、診療受診との因果関係を診療対象者が立証しなければ施術費用が損害として認定されなかったのに対し、本判決では事実上、医療機関側への立証責任の転換を行っている点が重要である。本判決はさらに「ａ療法に対する期待は法的保護に値する」とし慰謝料も認めた。後遺症等が存在しないにもかかわらず、財産的損害を認めたうえで慰謝料をも認める判断は、美容医療の特異性を踏まえたものであることがうかがわれ、より消費者保護に資するものであるといえる。[27]

　なお、特定商取引法上の不実告知・重要事項不告知に基づく取消しが認められた場合の返還範囲には、施術費用だけではなく化粧品、美顔器などの関連商品の代金も含まれる（特定商取引法49条および49条の２並びに施行令29条および別表第５の２号）。

⑵　中途解約の際の不返還条項、事業者の倒産

　未消化分の施術代の返還請求権が損害となる。関連商品の代金も含まれるが、未開封・未使用品に限られる。

5　美容医療契約に関する適格消費者団体の活動

　美容医療契約ではないが、インプラント施術など施術すべてが自由診療となる場合があるという点で共通点がある歯科医療契約において、歯科医療機関が契約を締結する際に使用する同意書に、「本契約が途中で解約された場

⒃　岡田・前掲注⑶59頁。
⒄　小笠原・前掲注⑼201頁。

合、貴院に対し私はその理由の如何を問わず、それまでにお支払いした治療費の返還を求めません」との条項がおかれていた事案につき、消費者機構日本が同条項の使用差止めを請求したところ、事業者が改定に応じることで2012年2月29日に解決している[28]。また、美容医療契約ではないが、治療費全額前払いのがん治療契約締結に際して用いられた同意書に、成分採血後は前払いした治療費はいっさい返還されない旨を定める条項がおかれていた事例において、消費者ネットおかやまにより差止訴訟が提起され、2017年8月29日に事業者の認諾によって終結している[29]。このように、医療契約の際の不返還条項に対する差止請求が、適格消費者団体によって行われている。

　美容医療契約に関する今後の活動として、特に重要な課題として位置づけることができる説明義務違反や中途解約の際の不返還条項の問題に対して、適格消費者団体が積極的に取り組む必要がある。中途解約の際の不返還条項に関しては、本稿で示したように、事業者が特定商取引法の適用を避けるためのさまざまな手法を取り入れている。このような事業者の行動に対して、適格消費者団体は、法的根拠をもとに申入れを行い、不適切な条項の修正や撤回を求める活動を展開することが考えられる。一方、特定商取引法の適用がされない歯科医療契約、特にインプラントの施術を内容とする契約についても、消費者保護の観点からの検討が必要である。美容医療契約と歯科医療契約は、その性質や目的が異なるため、これらの契約における説明義務違反や不返還条項の問題を考察する際には、それぞれの契約の特性を十分に考慮する必要がある。

(1)　説明義務違反

　美容医療契約において、患者が施術を受けて期待した結果が得られなかった場合の法的救済の根拠として、説明義務違反に基づく損害賠償を認めるこ

---

[28]　消費者庁「差止請求事例集」109頁〈https://www.caa.go.jp/policies/policy/consumer_system/collective_litigation_system/about_system/case_examples_of_injunction/pdf/consumer_system_cms204_190903_07.pdf〉（2023年3月15日最終閲覧）。

[29]　消費者ネットおかやま「NEWS LETTER」41号1頁～2頁〈https://okayama-con.net/newsletter/news41.pdf〉（2023年3月15日最終閲覧）。

とにより救済がなされる裁判例が多い。この背景には、美容医療の特異性が影響する。本稿で示したように、多くの美容医療機関は、インターネット上のウェブサイトやSNSを通じて魅力的な広告や宣伝を展開している。これらの情報は、多くの患者を引きつける力があるが、一方で、十分な情報提供や説明がなされないため、患者がリスクや契約内容を理解しないで安易に契約を結んでしまう事案も少なくない。特に、若年者はインターネットの情報に敏感で、魅力的な広告を見て来店し、その日のうちに契約をしたうえで場合によっては施術を受けることもある。このような即日契約・即日施術のケースでは、十分な説明や情報提供がなされていない可能性が高い。そのため、広告内容が身体的特徴を煽るものについては、困惑類型（消費者契約法4条3項5号ロ）として、消費者取消権を行使できる可能性がある。

　また、美容医療契約のうち、患者が一定の結果を求めて施術を受ける契約の場合には、請負的な要素が強い契約ととらえ、患者が期待した結果が得られなかった場合には契約不適合として、事業者の責任を追及することが考えられる。この点について、従来の説明義務違反に基づく損害賠償と並んで、契約不適合責任も主張することが可能となれば、不本意な結果が生じてしまった消費者を救済する方法が増えることになりうる。

⑵　中途解約の際の不返還条項

　中途解約の際の不返還条項は、多くの事業者が利用している契約条項の1つであり、特に「有償での施術期間・回数」と「無償での施術期間・回数」を区別しているプランを提供している事業者において、この条項が問題となりうる。具体的には、消費者が数回の施術を受けた後に契約を中途解約した場合に返金をしないという内容の不返還条項が設けられていることがある。このような不返還条項について、消費者契約法の観点からは、無償部分も役務提供回数として再計算し、その結果をもとに、消費者契約法9条1号に違反しないような条項に修正することが求められる。この法的背景を踏まえ、事業者に対しては、不返還条項の適正化を求める申入れが必要となる。

　また、特定商取引法上、特定継続的役務提供として規定されているサービスにおいても、同様の問題が生じることがある。たとえば、学習塾のネット

配信講義のようなサービスでは、1年間の視聴が可能なプランを提供している事業者もいるが、初回受講から一定期間が経過した後に中途解約をすると、返金をしないという不返還条項が設けられている場合がある。ネット配信講義のようなサービスは一度に多くの内容を視聴することが可能であり、美容医療やエステティックとは異なる特性をもっている。しかし、消費者の権利を守る観点から、このようなサービスにおいても、不返還条項の適正化を検討することが重要である。

▷ ▷ ▶ 実務へのアプローチ ▶ ▶ ▶

弁護士　古川佐智絵

実務へのQ&A

Q 月々〇〇円、通い放題との宣伝に誘われて、脱毛の通い放題プランを契約した。しかし、①通い放題という割に全く予約がとれず、予約がとれても月に1回である。また、②①の状況から解約しようとしたところ、「あなたはすでに5回通っているので返金はできません」と言われてしまった。問題はないのだろうか。

A

1　クーリング・オフ

　医療脱毛の場合もエステ脱毛の場合も、役務提供期間が1カ月を超え、かつ金額が5万円以上の場合には、クーリング・オフの対象となる（特商48条1項）。

2　不実告知・重要事項不告知

　昨今、「通い放題」という宣伝をしている脱毛やエステのトラブルが増加している[(1)]。

　「通い放題」と宣伝していても、予約がとれない・とりにくいといった状況によって、実質的には「通い放題」とはいえないという問題が生じている。契約時に、実際には予約が殺到するなどして予約をとることが不可能な状況であるにもかかわらず、「いつでも希望の時間に必ず予約がとれます」などと

---

(1)　国民生活センター「脱毛エステの通い放題コースなどでの中途解約・精算トラブルに注意！『途中でやめたら返金なし！？』『解約したのに支払いは続く…』」〈https://www.kokusen.go.jp/news/data/n-20211223_1.html〉。

謳っていれば、特定商取引法が禁止する不実告知（同法44条1項1号）に該当する。また、予約がとりにくいことを故意に伝えていなければ、重要事項不告知に該当する（同条2項）。

脱毛の施術・サービスは店舗、施設において設備・機器を利用してなされるものであるところ、設備等には物理的なキャパシティがあり、予約枠には限界がある。そのため、「通い放題」という広告に誘われて顧客が増えるほど予約がとりづらくなり、「通い放題」と呼べる状況でなくなっていき、広告内容と実態が乖離していくことは必然である。現在このような広告による被害が拡大しており、法的規制を及ぼすことが必要であると思われる。

3　申込みの意思表示の取消し

クーリング・オフの期間を徒過した場合でも、不実告知・重要事項不告知に該当する場合には、契約の申込みの意思表示を取り消すことができる（特商49条の2）。

ただしこの場合、事業者は消費者から受け取った代金を返還する義務を負うが、利用者も現に利益を受けている限度で返還義務を負う（特商49条の2第2項・9条の3第5項）。

本設問のように、すでにサービスの提供を受けている場合に、施術相当分の価格返還の要否が問題になる。申込者等はすでに受けた施術分の価格を返還すべきとする考え方と、事業者に禁止行為の違反があるのだから、申込者等にとって提供された役務には価値がなく提供済み役務による利得はないため申込者には返還義務は発生しないとの考え方がある。

4　中途解約

さらに、不実告知・重要事項不告知といえず申込意思表示の取消しができない場合でも、利用者としては、契約期間中であれば中途解約をすることができる（特商49条）。そして、この場合の返金については、精算ルールが定められており、利用者はすでに受けた施術・サービスの対価分は支払う必要が

あるが、事業者からの請求には上限が設けられている（同条2項）。

　中途解約をしようとしたときにトラブルになっているのが、有償での施術期間・回数と無償での施術期間・回数（アフターサービス）とが分かれ、有償での施術期間・回数、すなわち役務提供期間を短く設定されたプランである。利用者は契約時にこの有償期間・無償期間の設定による影響を意識することは少ないと思われるが、解約しようとしたところ、有償サービスの回数、期間を過ぎていれば契約は終了したことになり、返金はされず、全額が請求されてしまい相談に至る事案が多い。また、精算ルールに則って返金がされるとしても、有償の施術回数をもとに1回の施術料金が計算されると高額になってしまい、返金額が著しく少額になることになる。契約内容の問題について、詳細は小笠原論文に譲るが、このような契約手法は特定商取引法の潜脱であり、法的な手当てが必要であると思われる。

5　割賦販売法、景品表示法違反の可能性

　さらに、「月々○○円」との広告表記については、一見サブスクリプションや定額制のサービスのように受け取れるが、実際にはローンを組んだ後の月々の分割払い金額の表示であるという問題がある。このような広告は、割賦販売条件の表示を義務づける割賦販売法に違反している可能性があり、また、有利誤認表示を禁止する景品表示法5条2号にも違反している可能性がある。

　景品表示法違反の点については、内閣総理大臣が措置命令（景表7条）や課徴金納付命令（同法8条）をすることができるものの、利用者の契約には影響がない。もっとも、このように「通い放題」を謳い、安価に施術・サービスを受けられると誤認させる広告は美容医療・エステ業界に広く横行している現状であり、利用者にとっても、消費者庁や適格消費者団体への積極的な情報提供により改善を促す取組みが必要である。

③　取引 DPF と消費者保護

岩手県立大学総合政策学部教授　**窪　　幸　治**

本稿の概要

✓　オンラインモールなどの取引の「場」（取引デジタルプラットフォーム（取引DPF））を介した取引は日常化し、消費者も便利さを享受する一方、出店者（販売業者）や商品等が存在しなかったり、誤認を生じさせる表示がなされるおそれがある。

✓　取引DPFを介した取引は、特定商取引法上の通信販売であり、出店者は氏名等の表示義務や誇大広告の禁止などの規制を受けるが、販売業者等がこれに応じない、所在不明で執行できないなどの事態が生じることもある。

✓　そこで、取引DPFが販売業者等の連絡先確認、消費者への提供を行ったり、不適切表示の削除対応を促す行政上のしくみを用意し、それにより消費者の利益保護を図る取引DPF法が制定された。ただし、努力義務や補完的責任が中心で法的対応としては不十分にもみえる。

✓　しかし同時に、官民協議会という関係者間で課題を共有・検討するチャネルを創設し、新たな問題につき法改正を待たず解消に導き、より柔軟に安全なデジタル空間をもたらす可能性を有する。また、取引DPF提供者の果たすべき民事上の義務を高め、消費者保護に資するものと考えられる。

1　はじめに

　取引の場を提供するデジタルプラットフォーム（以下、「DPF」という）は、サイト上で出店者の各種の商品サービス（役務）を、消費者に対して比較可

能な形で提示し、その選択を支援し、両者のマッチングの機会を広げる。市場規模は、2022年にはオンライン取引（BtoC）全体で22兆7449億円、物販系13兆9997億円（EC化率は9.13％）⁽¹⁾のうち、特定デジタルプラットフォームの透明性及び公正性の向上に関する法律(以下、「透明化法」という) 4条により、特定DPF提供者に指定⁽²⁾された物販系DPF 3社での流通額（直販含む）のみで過半を占めている。⁽³⁾

　DPFは、出店者・消費者ともに、取引への参入を容易にするが、経験が不足する消費者や悪質業者においても等しく機能するため、取引DPFの運営次第で消費者被害を発生・拡大するものになりかねない。取引DPF法が施行された2022年5月以降、2023年9月までにPIO–NETに登録されたDPF関連の相談数は、月平均約2800件である。⁽⁴⁾オンライン取引における消費者被害を未然防止・抑止し、取引市場が発展するには利用環境の健全性が維持され、高められていくことが必要である。

　そこで技術的にも、契約上の地位からも取引の「場」をコントロールしうるDPF運営

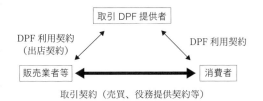

取引DPF提供者

DPF利用契約
（出店契約）　　　　　　　　　　DPF利用契約

販売業者等　　　　　　　　　　　消費者

取引契約（売買、役務提供契約等）

---

(1)　経済産業省商務情報政策局情報経済課「令和4年度電子商取引に関する市場調査報告書（令和4年度デジタル取引環境整備事業）」（令和5年8月）5頁。

(2)　「特定デジタルプラットフォームの透明性及び公正性の向上に関する法律第4条第1項の事業の区分及び規模を定める政令」1項で事業区分・規模を、物販総合オンラインモールで3000億円以上、アプリストアで2000億円以上、メディア一体型広告デジタルプラットフォーム（自社の検索サービスやポータルサイト、SNS等に、主としてオークション方式で決定された広告主の広告を掲載する類型）で1000億円以上、広告仲介型デジタルプラットフォーム（広告主とその広告を掲載するウェブサイト等運営者を、主としてオークション方式で仲介する類型）で500億円以上の国内売上額を指定する。

(3)　物販系ECの2022年の国内流通額につき、楽天グループ株式会社（楽天市場）の決算資料によると5兆6301億円、LINEヤフー株式会社の決算説明資料（2021年4月～2022年3月期）によると2兆9880億円。またマイナビニュースサイト2023年2月16日付けによるとアマゾン合同会社（Amazon.co.jp）は約2兆円の売上があったとのことである。

(4)　第4回官民協議会（2023年11月10日）資料1「事務局資料説明資料」スライド12。

者に対して、まず競争法の観点から透明化法が定められ、次いで消費者法の観点から、一定の役割を果たすことや紛争予防等に係る自主的取組みを促すことを求める「取引デジタルプラットフォームを利用する消費者の利益の保護に関する法律」（令和3年5月10日法律第32号。以下、「取引DPF法」という）が2021年4月28日に成立し、2022年5月1日に施行された。

　本稿では、取引DPF法の内容を概観し、その意義・展望を述べた後、取引DPF運営者の民事責任について検討したい。

2　取引DPF法の意義

　取引DPF法の制定に至る経緯は次のとおりである。まず、DPFビジネスの進展に消費者法制が適切に対応できているか、との問題意識から、2018年5月15日から消費者委員会「オンラインプラットフォームにおける取引の在り方に関する専門調査会」（以下、「専門調査会」という）が設置され、計14回の審議を経て「専門調査会報告書」が公表された。

　続いて、2019年12月5日、消費者庁に「デジタル・プラットフォーム企業が介在する消費者取引における環境整備等に関する検討会」（以下、「検討会」という）が設置され、計12回の会議が開催された。2020年8月24日「論点整理」[5]、2021年1月25日「検討会報告書」が公表された。

　検討会報告書では、消費者保護のためのDPFの利用環境整備につき、取引DPF運営者による自主的取組みを尊重し、それが市場全体で行われることを基本とされた。そのため、取引DPF運営者は出店事業者に対して契約上負っている制約を克服するよう後押しすること、多様な事業者が存在することから、技術革新による可変性を考慮し、イノベーションを阻害しないようにすることなど[6]が示された。

---

(5)　板倉陽一郎「実務からみたデジタル・プラットフォーム取引に関する問題提起」現消48号（2020年）18頁以下、加納克利ほか「『デジタル・プラットフォーム企業が介在する消費者取引における環境整備等に関する検討会』論点整理の概要」現消48号（2020年）79頁。
(6)　検討会報告書5頁。

　それを受けて立案された取引DPF法は、基本的に消費者保護を目的とする行政規制（1条）である。具体的には目的（1条）、定義（2条）、DPF運営者（以下、用語にあわせ「取引DPF提供者」という）の講ずべき義務（3条）、内閣総理大臣による利用停止等の要請（4条）、販売業者等の開示請求（5条）、官民協議会（6～9条）、消費者等による申出制度（10条）などを定めている。

　内容としては、取引DPF運営者に努力義務と出店者の行政法上の義務につき補完的な役割を課している。このような補完的役割の前提は、消費者被害発生の予防および紛争解決の責任は第一義的に当事者が負うこと、取引DPF提供者は取引契約を支援する機能を取引当事者双方に提供する契約関係にあり、一方当事者である消費者に保護を傾斜するには制約があること、DPFによって取り扱う商品役務、用意される支援機能、事業規模がさまざまであり、運営者に一律の役割を課す困難などである[7]。

　そこで、通信販売事業者等が類型的に引き受けることが明確である同取引等に係る行政的な責任の範囲で、取引DPF提供者が当事者に介入し、補完することは、危険責任および報償責任の考え方と相まって認めうるとされた[8][9]。

3　取引DPF法の概要[10]

(1)　適用対象

　消費者と販売業者等との取引契約の締結過程が、DPFの提供する通信販売取引の申込みまたはオークション参加の機能によりなされるものが取引DPF

---

(7)　検討会報告書4頁。

(8)　「市場の創設者としてその市場の安全性を確保するための役割を負うべきだという考え方（民事法にいう危険責任の考え方）は、公法的なルールを設ける際にも基礎となり得よう」（鹿野菜穂子「デジタル市場の健全な発展とデジタルプラットフォームに関する消費者関連ルールの形成」現消48号（2020年）9頁）。

(9)　検討会報告書4頁、板倉陽一郎「『取引デジタルプラットフォームを利用する消費者の利益の保護に関する法律』の概要と企業対応の要点」ビジネス法務21巻8号（2021年）120頁。

法の適用対象となる。以下、各用語を詳しくみていく。

　「取引DPF」とは、「特定デジタルプラットフォームの透明性及び公正性の向上に関する法律」（令和2年法律第38号。以下、「透明化法」という）2条1項にいうデジタルプラットフォーム[11]のうち、取引の場として通信販売（特商2条2項）の通信販売に係る売買または有償の役務提供に係る消費者契約の申込みの意思表示を行うことができる機能（取引DPF法2条1項1号）およびオークションサイトに参加することができる機能（同項2号）を備えているものをいう。また「取引DPF提供者」は、事業として取引DPFを単独でまたは共同して提供する者をいう（同条2項）。

　取引DPF提供者の例は、オンラインモール、アプリストア、シェアリングエコノミー[12]、オークションサイト等があげられる。これに対して、DPFのサイト上に申込機能がない単なる情報提供サイト、いわゆる非マッチング型の情報提供サイトやSNSについては、取引の場ではないため、該当しない。また、取引DPF提供者自身が直接当事者となる直販の場合も、商品等表示を行う場の提供にはあたらず、むしろ、特定商取引法上の通信販売業者等として規律を受ける。さらに、有償性および販売業者性が前提になるため、CtoC取引や無償アプリのDLサイト、有償であっても事業者が購入者にあた

(10)　石橋勇輝「(法律解説) 取引デジタルプラットフォームを利用する消費者の利益の保護に関する法律」法令解説資料総覧486号（2020年）35頁、板倉・前掲注(9)119頁、中川丈久「デジタルプラットフォームと消費者取引」ジュリ1558号（2021年）40頁、三枝健治「プラットフォーム提供者の契約責任」後藤巻則先生古稀祝賀『民法・消費者法理論の展開』（弘文堂、2022年）253頁参照。また、消費者庁のウェブサイトで同法に関する情報がまとめられている〈https://www.caa.go.jp/policies/policy/consumer_transaction/digital_platform/〉（2023年11月5日閲覧）。

(11)　透明化法2条1項柱書はDPFを、デジタル上（放送除く）で構築された場において、商品・サービス・権利の提供に係る情報を表示する常態とし、提供者・被提供者の各サイドの増加により、他方・同一サイドの便益が増進し、他方サイドの者が増加するなど、いわゆる間接的ネットワーク効果を利用するものと定義する。

(12)　内閣官房情報通信技術（IT）総合戦略室シェアリングエコノミー促進室は「個人等が保有する活用可能な資産等（スキルや時間等の無形のものを含む。）を、インターネット上のマッチングプラットフォームを介して他の個人等も利用可能とする経済活性化活動をいう」と定義する。CtoCが含まれ、消費者性と同時に、スキル等の役務提供に関しては労働者性が問題になる。

る買取りのマッチングサイトなどのDPFも除外される。[13]

　「消費者」の定義は、特定商取引法に依拠すると26条の適用除外の表現が煩雑になるからか、「個人（商業、工業、金融業その他の事業を行う場合におけるものを除く。）」（取引DPF法2条3項）とされ、「個人」から独占禁止法2条1項前段や景品表示法2条1項などで採用されている「事業者」を控除したものとなっている。

　フリマアプリのように基本的にCtoC取引だが、販売等を繰り返すいわゆる隠れBが問題になる。この点に関しては、2021年11月2日から2022年4月4日まで計5回開催された「取引デジタルプラットフォーム官民協議会準備会」およびパブリック・コメントを経て、消費者庁が策定した「取引デジタルプラットフォームを利用する消費者の利益の保護に関する法律における『販売業者等』に係るガイドライン」（2022年4月20日。以下、「販売業者等ガイドライン」という）で、基本的な考え方や考慮要素等が提示された。販売業ないし役務提供事業を営むことにつき、「営利の意思を持って反復継続して取引を行うこと」を基準とする。[14]

　販売業者等への該当を推認させうる事情としては、販売対象が情報商材やブランド品、健康食品、チケット等など、同一商品でも相当数の新品、新古品である場合、法令上の根拠の有無にかかわらず許可、免許、資格を前提とする販売等、相当数の口コミがある場合などがあげられる。他方、贈答品や引っ越し等に伴い不要となった物の一時的な出品は、否定する方向でとらえられる。

⑵　取引DPF提供者に求められる措置

　取引DPF提供者は、消費者と販売業者等をマッチングすることで収益を上

---

(13)　中川・前掲注(10)45頁。

(14)　「業とする」の定義（商法502条）で用いられる解釈（近藤光男『商法総則・商行為法〔第9版〕』（有斐閣、2023年）20頁）であり、控除される事業者の定義とも平仄が合う。

(15)　販売業者等ガイドライン2頁〈https://www.caa.go.jp/policies/policy/consumer_policy/digital_platform/assets/consumer_policy_cms104_220428_004.pdf〉（2023年5月23日最終閲覧）。

げ、双方に契約上の規律を働かせることで取引適正化および紛争解決促進に一定の役割を果たしうる地位にある一方、さまざまな規模・分野があり、取引契約への関与の度合いも異なることから一律の措置を求めるのは適当でなく、措置の枠組みを努力義務として定めた[16]。

内容は、取引DPFを利用して行われる通信販売取引に関する「消費者が販売業者等と円滑に連絡することができるようにするための措置」（取引DPF法3条1項1号）、販売・役務提供条件の表示に関して消費者から苦情の申出を受けた場合の「事情の調査その他の当該表示の適正を確保するために必要と認める措置」（同項2号）を講じること、販売業者等に「必要に応じて、その所在に関する情報その他の販売業者等の特定に資する情報の提供を求めること」（同項3号）である。連絡体制を整える措置および苦情対応に関する措置の設計に関する努力義務といえる。

また、取引DPF提供者は、消費者に講じた措置の概要、実施状況などの開示（取引DPF法3条2項、同法施行規則2条）するものとし、内閣総理大臣はそのための指針を定め、公表する（取引DPF法3条3項・4項、11条）。具体的には、上記の取引DPF官民協議会準備会等を経て、「取引デジタルプラットフォームを利用する消費者の利益の保護に関する法律第3条第3項に基づき取引デジタルプラットフォーム提供者が行う措置に関して、その適切かつ有効な実施に資するために必要な指針」（令和4年5月2日内閣府告示第66号）が定められた[17]。

同指針の内容は、取引DPF法3条1項の各号の趣旨、目的、基本的な取組みについて明らかにしたうえで、望ましい取組み例（ベストプラクティス）を示し、これをもって他の取引DPF提供者に共有、参考にしてもらうものである[18]。たとえば、消費者が販売業者等と円滑に連絡がとれるよう、取引DPF

(16) 石橋勇輝＝藤本元気「取引デジタルプラットフォームを利用する消費者の利益の保護に関する法律第3条第3項に基づき取引デジタルプラットフォーム提供者が行う措置に関して、その適切かつ有効な実施に資するために必要な指針の概要」NBL1220号（2022年）29頁。
(17) 石橋＝藤本・前掲注(16)28頁。
(18) 石橋＝藤本・前掲注(16)30頁。

上に特定商取引法11条の表示義務に関する専用のページを設けたり、メッセージ機能を提供する、DPF上に連絡先の掲示をしない場合[19]は消費者の請求があり次第連絡先を知らせられるようにすること、連絡手段が機能しているかの定期的パトロールをすることなどが、推奨されている。

また、措置の開示に関しては、自主的取組みを促すしくみであり、各ウェブサイトで利用ガイドなどでの説明、まとめているページにリンクを張っておくことが推奨されている。大手では、取引DPFの団体にリンクを張って対応する例がみられる[20]。

(3) 消費者庁の利用停止等の要請 (取引DPF法4条)

消費者庁は取引DPF提供者に対して、商品役務に係る「重要事項」について「著しく事実に相違する表示であると認められること、又は実際のものよりも著しく優良であり、若しくは有利であると人を誤認させる表示」で、かつ、販売業者等が特定できず、所在不明等の事由により、「販売業者等によって当該表示が是正されることを期待することができない」ため、消費者の利益を害されるおそれがあると認めるときには、取引DPFの利用停止その他の措置を要請することができる (取引DPF法4条1項)。

重要事項は、取引DPF法施行規則3条において商品役務の「安全性の判断に資する事項」(1号)[21]、商品、特定権利、役務、販売業者等またはその事業についての「国、地方公共団体その他著名な法人その他の団体又は著名な個人の関与」(2号)、「商品の原産地若しくは製造地、商標又は製造者名」(3号)、商品、特定権利の販売または役務提供に係る「許可、免許、資格、登録又は

---

(19) 消費者庁次長・経済産業省大臣官房商務サービス審議官「特定商取引に関する法律等の施行について」(平成25年2月20日制定、令和5年4月21日改正) 27頁以下、「(ヌ)省令第23条第1号に定める事項の表示について」で、個人事業者が取引DPFを利用し、当該DPF提供者の住所・電話番号を自らの連絡先として表示する場合、取引DPF提供者が個人事業者との間で合意をし、同人の「現住所及び本人名義の電話番号を把握しており……確実に連絡が取れる状態となっていること」で特定商取引法の要請を満たすとする一方、消費者から連絡がとれない場合には表示義務を果たしていないとされる。

(20) たとえば、オンラインマーケットプレイス協議会〈https://www.onlinemarketplace.jp/〉の「各社の取組」参照。

経験を証する事項」（4号）、その他商品の性能または特定権利、役務の内容に関する事項で、取引DPF上で行われる「通信販売に係る取引を行うか否かについての消費者の判断に通常影響を及ぼすもの」（5号）が定められている。

　すなわち、取引DPF上に安全規格を満たさない製品やブランド模倣品の[22]ような出所や品質・性能を誤認させる情報などが放置されることにより、消費者の生命身体・財産に重大な影響が生じ、かつ、販売業者等による是正が期待できない場合に、消費者庁は取引DPF提供者に対して利用停止等の措置を要請でき、また要請を行ったことに対する公表権限が認められる（取引DPF法4条2項）。これに取引DPF提供者が応じて措置をとったことで、販売業者等に損害が生じても免責される（同条3項）。[23]情報的手法と、契約上の義務の衝突回避を保障することで、取引DPF提供者の自主的取組みを促すものである。ただし、通常、利用規約に禁止事項や違反した場合の対応として出品情報の削除等が定められており、措置を後押しするにとどまる。[24]

---

(21)　従前より製品安全について取引DPFの役割が期待され（谷みどり「製品安全のソフトロー」廣瀬久和先生古稀記念『人間の尊厳と法の役割』（信山社、2018年）486頁）、また2023年1月からは海外輸入製品に係る安全規制に関する取引DPFの役割につき検討がなされ（経済産業省「消費生活用製品の安全確保に向けた検討会報告書」（2023年6月30日）13頁以下）、さらに制度的措置について経済産業省産業構造審議会保安・消費生活用製品安全分科会製品安全小委員会で議論が始まり、製品安全四法に位置づけられる可能性がある。さらに、製造物責任の流通関与主体への拡張の必要性も指摘されている（永下泰之「製造物責任における無過失責任」法セ822号33頁）。

(22)　「第2回取引DPF官民協議会」（2022年10月28日）の「事務局説明資料」10頁に、電気用品安全法の要件を満たさない電動のこぎりにつき、PSEマークを付して販売していた事例（技術基準に適合したものにPSEマークの表示ができ（同法8条、10条）、そのマークがなければ販売、陳列が禁止されている（同法27条）。取りあえず、特定の消費生活用製品に係るPSCマーク（消費生活用製品安全法4条、13条）も同様のことがいえよう。

(23)　環境整備にあたり、基本的な考え方の1つとして、「自主的な取組を行う各デジタルプラットフォーム企業が制約条件にとらわれることなく消費者保護のために真に必要な措置を躊躇なく講じられるように後押しすること」があげられた（検討会報告書2頁）。

(24)　たとえば、楽天市場出店規約18・21・26条、Yahoo! JAPANのショッピングストア利用約款25条、Amazon.co.jpの利用規約「アカウント」の項参照（2023年11月13日閲覧）。

⑷　販売業者等情報の開示請求（取引DPF法5条）

　消費者トラブルが生じた場合、解決に向けて販売業者等の連絡先が必要となるが、特定商取引法11条6号、同法施行規則23条1号ないし3号に基づく表示に虚偽・誤りがある、更新されていない、アカウントの停止・廃止などにより情報が確認できないなどの場合、消費者は取引DPF提供者に販売者等情報の開示請求をできるものとされた。

　販売業者等情報は、取引DPF法5条1項で「氏名又は名称、住所その他の当該債権の行使に必要な販売業者等に関する情報として内閣府令で定めるもの」とされ、同法施行規則5条で「氏名及び名称（法人その他の団体の名称及び代表者）」（1号）、「住所」（2号）、「電話番号」（3号）、「ファクシミリ番号」（4号）、「電子メールアドレス（特定電子メールの送信の適正化に関する法律2条3号におけるもの）」（5号）、「法人その他の団体にあっては、法人番号」（6号）と詳しく定められている。

　開示請求できる場合は、取引DPFの機能を通じて締結された通信販売等に係る「自己の債権（金銭の支払を目的とし、かつ、その額が内閣府令で定める額を超えるものに限る。）を行使する」目的（取引DPF法5条1項）に限定され、額は1万円を超えることが必要とされた（同法施行規則4条）。自己債権の例としては、取引契約の無効・取消しによる不当利得返還・原状回復請求、販売業者等の債務不履行または説明義務違反や情報漏洩などの不法行為に基づく損害賠償請求などが考えられる。また、拡大損害や精神損害も含むものとされる。請求に際しては、事実関係や額の根拠を示すことが求められる。

　また、「確認を必要とする場合に限り」（取引DPF法5条1項）、開示を請求

---

(25)　判断基準時は、原則取引DPFを利用して取引契約が行われた時点だが、業として行われていればよく、基準時以後の情報を参照して判断されることもある（販売業者等ガイドライン4頁）。
(26)　消費者庁「取引デジタルプラットフォームを利用する消費者の利益の保護に関する法律についてのQ&A」（以下、「Q&A」という）4頁のQ6への回答〈https://www.caa.go.jp/policies/policy/consumer_transaction/digital_platform/assets/consumer_transaction_cms101_230830_04.pdf〉（2023年11月15日最終閲覧）参照。
(27)　Q&A4頁、Q6への回答参照。

することができ、信用毀損その他不正目的による場合や、取引DPF提供者が情報を保有していない場合は除かれる。ただし、取引DPF法3条1項3号において「必要に応じて」販売業者等の特定に資する情報提供を求める努力義務が課されており、取引DPF提供者としては販売業者等に情報提供を求めるなどし、できる限り開示請求に応えることが望ましいとされる。保有情報が事実と異なる場合も最新情報の提供を求めるなどが必要と解される。

開示請求は取引DPF法5条2項で、「当該請求に係る販売業者等情報の確認を必要とする理由」(1号)、「当該請求の対象となる販売業者等情報の項目」(2号)、「開示を受けた販売業者等情報を前項ただし書に規定する不正の目的のために利用しないことを誓約する旨」(3号)を記載した書面の提出または記録した電磁的記録の提供による。書面提出は郵便・信書便、電磁的記録提供または専用フォーム等による(取引DPF法施行規則6条)。販売業者等情報開示請求標準書式、販売業者等に対する意見照会書、販売業者等からの回答書などの書式は、消費者庁のサイトで公開されており、これに沿って書くなどすればよい。

請求を受けた取引DPF提供者は、消費者のアカウント情報など自らの情報と照合し、請求者の消費者性、債権の外観など、取引DPF法5条1項の要件充足を一応判断する。満たすと判断した場合には、販売業者等と連絡できない場合を除き、販売業者等への意見聴取を行う(同条3項)。そのうえで、開示・不開示の判断をし、請求者・販売業者等に通知をすることになり、不開示に対して請求者は裁判上請求することが可能となる。

(5) 官民協議会(取引DPF法6条〜9条)

多様な事業者が存在すること、技術革新による可変性を考慮し、イノベーションを阻害しないようにするため、官民協議会の設置を法定する。法と自

---

(28) Q&A7頁、Q16への回答参照。
(29) Q&A8頁、Q17への回答参照。
(30) Q&A10頁以下に開示請求標準書式ほかについての解説がある。
(31) Q&A6頁、Q10・11への回答参照。
(32) Q&A7頁、Q15への回答参照。

主的取組みを組み合わせて、段階的にルール形成を行うことをめざす共同規制アプローチである。年2回の開催を基本としている。

　構成メンバーは内閣総理大臣、関係行政機関、取引DPF事業者による団体、国民生活センター、地方公共団体、消費者団体である（取引DPF法6条）。

　予定される活動は、第1回協議会で承認された「取引デジタルプラットフォーム官民協議会運営要領」（以下、「運営要領」という）2で、取引DPF法3条〜5条の措置等の取組状況、利用停止等に係る要請、販売業者等情報の開示請求の事案・課題等その他の取りまとめ等の共有、事業者団体に所属しない取引DPF提供者、消費者等への周知・広報手法の検討、事業環境・海外制度・消費者取引の動向・課題、個別事案等の共有・検討があげられる。

　他の法律に認められる、事業の適切な実施、利用者等の保護を図ることを目的として、事業者が設立する、所管官庁による認可法人（金融商品取引法67条、貸金業法25条等）または認定法人（割賦販売法35条の18、資金決済法87条等）と同様の役割を期待するものといえる。たとえば、一般社団法人資金決済業

---

(33)　検討会報告書における環境整備の基本的考え方の2つ目として、「各デジタルプラットフォーム企業による取組が市場全体において促進されるようにすること」（2頁）が掲げられている。

(34)　「取引の実態や変化を追いながら、事業者・事業者団体の自主規制や努力義務規定といったソフトローと、民事ルールや行政規制といったハードローとをベストミックスして、消費者被害の予防・救済に関し、ルールや手続をより実効性のあるものへと継続的に改善していく必要がある」（消費者委員会「消費者法分野におけるルール形成の在り方等検討ワーキング・グループ報告書」（2019年6月）16頁）、鹿野菜穂子「取引デジタルプラットフォームを利用する消費者の利益の保護に関する法律の意義と残された課題」自由と正義872号10頁。

(35)　第1回取引デジタルプラットフォーム官民協議会（2022年6月）資料3「官民協議会の運営方法等（案）について」1頁。

(36)　取引DPF提供者の事業者団体として、アジアインターネット日本連盟、一般社団法人クリエイターエコノミー協会、一般社団法人シェアリングエコノミー協会、一般社団法人新経済連盟、一般社団法人セーファーインターネット協会、一般社団法人日本クラウドファンディング協会、オンラインマーケットプレイス協議会、地方公共団体では全国知事会（農林商工常任委員会委員長県）、東京都、消費者団体からは一般社団法人全国消費者団体連絡会、公益社団法人全国消費生活相談員協会、公益社団法人日本消費生活アドバイザー・コンサルタント・相談員協会、また学識経験者、日本弁護士連合会、独立行政法人国民生活センター、関係行政機関が参加している。

協会による銀行口座なりすまし型の不正利用への対応が好例である。⁽³⁷⁾もっとも取引DPF法は、開業規制や登録制をとっておらず、官民協議会の構成員となる取引DPF事業者団体は申し込んだ者（運営要領3）であり、実際に当該団体に属するのは大手事業者に限られており、団体に属しない事業者に対して成果を波及できるかは課題である。もっとも、寡占化しやすい市場であり、事実上問題にならない。⁽³⁸⁾

⑹　その他

「何人も」取引DPF利用に係り、消費者の利益が害されるおそれがある場合は、消費者庁に申し出ることができるとされ（取引DPF法10条1項）、消費者庁のサイトに受付フォームが用意されている。特定商取引法と同じ制度を設けた。また消費者庁は、必要な調査を行い、申出内容が事実であると認めるときは、取引DPF法に基づく措置その他適当な措置をとらなければならない（同条2項）とされており、これを契機に景品表示法や特定商取引法、あるいは消費者安全法に基づく権限を用いて、違法状態の是正や消費者に対する情報提供が行われることが期待される。

なお、衆議院消費者問題に関する特別委員会（2021年4月13日）および参議院地方創生及び消費者問題に関する特別委員会（2021年4月23日）で附帯決議がなされ、⁽³⁹⁾CtoC取引、取引DPF法3条・4条の対応状況の実態把握と必要に応じた法令による対処、SNSを利用して行われる消費者被害の実態把握、デジタル広告、レビューへの対応、ODRの検討などが指摘されている。

(37)　一般社団法人日本資金決済業協会「銀行口座との連携における不正防止に関するガイドライン」（2020年12月）、また、決済アカウント乗っ取り型の不正利用に対する同「資金移動サービスの不正利用防止に関するガイドライン」（2021年4月）等の策定など。なお、一般社団法人全国銀行協会「資金移動業者等との口座連携に関するガイドライン」（2020年11月）参照。

(38)　第16回消費者法学会大会シンポジウムにおける質疑への原田大樹回答（「消費者法」16号掲載予定）。

(39)･　第204回国会「衆議院消費者問題に関する特別委員会議録」（2021年4月13日）5号28頁〈https://kokkai.ndl.go.jp/txt/120404536X00520210413/268〉、同「参議院地方創生及び消費者問題に関する特別委員会」（2021年4月23日）6号27頁〈https://kokkai.ndl.go.jp/txt/120415328X00620210423/244〉。

4 取引DPF法の評価

(1) 概 括

　取引DPF法の基本的性格は行政法規であり、基本的に同法5条を除き消費者に実体法上の権利を付与するものではない（苦情受付体制等、消費者からの情報収集促進のしくみと民事上の責任との関係は後記5で検討する）。

　分野・規模、取引契約への統制・関与の度合いを問わず、取引DPF提供者一般を規律対象としたため、最大公約数的に適用範囲が定められ、取引DPF提供者には努力義務や販売業者等の責任を補完する役割をあてられたにとどまり、若干の不足感が否めない。

　しかし、内容的には、民事上、一定の場合に販売業者等の利用停止や情報開示などを消費者に認める裁判例が認めるもの（知的財産に係るチュッパチャプス事件（知財高判平成24・2・14判時2161号86頁）、石けん百貨事件（大阪高判平成29・4・20判時2345号93頁）、インターネットオークションに係る名古屋地判平成20・3・28判時2029号89頁、控訴審である名古屋高判平成20・11・11裁判所ウェブサイト））であり、穏当なものである。また、業法などの行政的規制も第一義的に責任を負うのは販売業者等で、行政庁が適切に処分を行えば適正化が可能であり、取引DPF提供者が負担する役割が補完的な位置づけにとどまることは首肯しうる。

　もっとも、行政責任で明確な範囲に取引DPF提供者の補完的な介入の理由を見出したため、景品表示法も特定商取引法もかからない消費者売主等を前提とするCtoC取引が適用対象からはずれている。この点に関しては、消費者売主等の情報が不明となることで紛争解決の途が閉ざされる点は変わらず、むしろ不適切な商品管理やサービス提供による被害もあり、疑問が呈[40]

---

(40)　国民生活センター「相談急増！フリマサービスでのトラブルにご注意」（2018年2月22日）で、2017年度のフリマサービスの相談件数（PIO–NETより）は3300件とされる。検討会でも、冷蔵商品を常温で送付した事例などが指摘されている。

される。たとえば、衆参両院の附帯決議の第1号で検討を指摘されている[41]。

　ほかにも、SNSを入口とした消費者被害に対する対処の必要性が指摘されており[42]、非取引型DPFへの対処、特に新たな情報開示請求の必要性は大きいと考えられる[43]。さらに、外観上取引DPF提供者に見られる直販サイトなどへの対応も今後検討する必要はある[44]。

⑵　取引DPF提供者に求められる措置

　近時、民事法上の努力義務（消費者契約法3条、9条2項、12条の3第2項、12条の4第2項、12条の4第2項等）に関しては、信義則を介することで、個別ないし類型的に当事者間での法的義務への転換が議論されている[45]。

　多様な事業者を念頭に、一般的には努力義務にとどめたとしても、特定の事業者にとっては対応することが可能、あるいは容易である場合、努力義務の設定された理由に応じ、信義則に照らして個別あるいは類型的には義務と解し、さらに取引上の社会通念として一般化していくことはありうる。

　行政法における努力義務も、民事・市場取引の基盤として要請され、事業者が取引相手方との関係でも要求されうるもの（各種業法での重要事項説明と民事上の説明義務の重複）であり、一定の事業者においては法的義務と解することができる。

　さらに、努力義務の履践を事実上促すものは、市場による選別圧力であったり、行政庁によるガイドラインによる誘導であり[46]、取引DPF法でも消費

---

(41)　前掲注(39)。

(42)　消費者委員会「デジタル化に伴う消費者問題ワーキング・グループ報告書」（2022年8月）、同「SNSを利用して行われる取引における消費者問題に関する建議」（2022年9月2日）。

(43)　消費者委員会・前掲注(42)（報告書）42頁。

(44)　第4回官民協議会における資料1「事務局説明資料」スライド10によると、2023年4月1日〜10月31日の申出件数205件のうち、「DPF以外の申出（直販サイト、偽サイト等）」が144件を占めている。

(45)　山本敬三「消費者契約法における努力義務規定の意義と課題」河上正二先生古希記念『これからの民法・消費者法Ⅱ』（信山社、2023年）55頁。

(46)　興津征雄「行政機関の定める指針の行政法上の位置づけ」季刊労働法280号（2023年）24頁。

者庁による3条指針が策定されている。加えて、履践を促すしくみとして、取引DPF法が予定する官民協議会が機能することが期待される。すなわち、官民協議会を通じて各取引DPF提供者の講じた望ましい措置が情報共有され、努力義務（同法3条）の内容、業界スタンダードが明確化していく[47]。それが継続することで、場の安全性の向上が図られていくサイクルが成立することになる。

　もっとも、官民協議会でめざされるのは、差異あるDPF提供者を前提とした標準化をめざすことになるだろうし[48]、消費者が取引DPF提供者を適切に選択できる環境であれば、それ自体競争に任せることでよい。そういった意味では、取引契約上の紛争に係る補償措置など、相応の負担がかかる制度に関しては、法制化がなければ義務づけは困難と考えられる。

　すでに行われた第1回から第4回の官民協議会（2023年11月現在）の様子[49]からは、構成メンバーとなっている事業者団体においては自社の約款を用いて指導や情報削除、アカウント停止といった取引DPF法の求める努力義務[50]の対象について、自主的・積極的な措置を講じていることがうかがわれる。また事業者団体内でも情報共有は行われており、より高い消費者保護と健全な市場に向けた活動が期待できるようにみえる。加えて、取引DPF法に規定される内容を超えて補償・保険制度の導入・利用、認証制度やODRの導入

---

(47)　山本・前掲注(45)68頁にいう「インフォーマルな法」による履践が確保され、さらには官民協議会の「内閣総理大臣に対し、取引デジタルプラットフォームを利用して行われる通信販売に係る取引の適正化及び紛争の解決の促進に関する施策に関し意見を述べる」事務内容（取引DPF法7条1項）からすれば、ハード・ローにつながっていくことも期待しうる。

(48)　第1回官民協議会における中川丈久神戸大学教授の発言（議事録22頁）。

(49)　消費者庁ウェブサイトの「会議・検討会等」の「取引デジタルプラットフォーム官民協議会」のページ〈https://www.caa.go.jp/policies/policy/consumer_transaction/meeting_materials/review_meeting_003/〉（2023年11月30日閲覧）参照。

(50)　事業者といえど、「当社が判断したとき」といった文言で、広い裁量の下、取引停止等にすることは民事上の責任を認める余地もある。大手の取引DPF提供者であれば、販売業者等との間に経済的優位にあり、法令違反や公序良俗違反等が明らかでない場合は、一定の弁明等の手続（場合によっては事後でもよいだろう）をとる必要はあろう。なお、消費者のアカウント停止でも手続的瑕疵は問題とされうる。

事例の紹介がされたり、製品安全誓約などの提唱もある。[51]むしろ、これらの取組みを促すには、消費者の積極的な理解が必要になってこよう。

　官民協議会の課題は、参加する事業者団体に加入していない販売業者等にその成果をどのように広げていくか、また、いわゆる極悪層といわれる事業者への対処をどうするか、という点にある。ひとまず、前者は、政府として、あるいは事業者団体の協力をもって広報、周知活動を行う、後者は事業者団体や消費者団体等と行政機関との連携を含め、消費者による申出が活発に行われるよう周知に努め、法執行を促す、官民協議会での示された意見を梃子に、法の運用を活性化してもらうことを期待することだろうか。

⑶　利用停止等の措置要請

　従前、消費者庁は各種業法での措置や、いわゆるすき間事案は消費者安全法38条により、消費者被害の発生または拡大の防止のため、消費者への注意喚起を行っていた[52]ところである。しかし、取引DPF上に安全性や購買等の判断の前提となる事実を誤認させる情報が残る限り、消費者が新たな生命・身体、財産の被害を受けるおそれがある。

　そこで取引DPF法5条では、直接削除等の要請、公表に係る消費者庁の権限を明記し、それに対して取引DPF提供者が応じることで販売業者等に生じる損害に対して免責を保障することで、対処への障壁をなくし、その自主的対応を促すしくみであり、健全な利用環境がもたらされることが期待される。

　なお、利用停止等の要請に関しては、取引DPF法4条1項2号の手続要件にある「その他の事由」に、販売業者等が取引DPF運営者の要請に速やかに応じない場合が含まれると解すべきであり、それがQ＆Aで明らかにされるべきだろう。そう解さないと、不適切な表示が放置されることになり、法の

⑸1)　第1回官民協議会における一般社団法人シェアリングエコノミー協会による「シェアリングエコノミー・モデルガイドライン」に基づく「シェアリングエコノミー認証制度」の紹介(議事録20頁)、第3回官民協議会資料3消費者庁消費者安全課「日本版『製品安全誓約』について」ほか。

⑸2)　取引DPF法の施行前からの案件であるが、消費者庁「取引デジタルプラットフォーム上で販売されている浄水カートリッジの模倣品に関する注意喚起」(2023年2月1日)など。

趣旨を全うできないし、民事上、知的財産侵害や詐欺の注意喚起に関して、取引DPF提供者には権利侵害の具体的認識可能時から合理的期間内に対応する義務が認められる（前掲・知財高判平成24・2・14等）ことからすれば、妥当と考えられる。

⑷　開示請求権

取引DPF法5条に定められた開示請求権に関しては、民事実体法上の権利と解される[53]。仮に、取引DPF提供者が申出に対して合理的な根拠なく拒絶した場合は、消費者は当該DPF提供者に対して裁判外または裁判上開示を求めたり[54]、損害賠償請求も可能である[55]。

制度設計で参照したと考えられる「特定電気通信役務提供者の損害賠償責任の制限及び発信者情報の開示に関する法律」（プロバイダ責任制限法）における発信者情報開示[56]では、「発信者の有するプライバシーや表現の自由等の権利利益と権利を侵害されたとする者の権利回復の利益をどのような形で調整するか[57]」という問題があった。それを、取引DPF法における開示請求権に関して引き直すと、取引DPF提供者が有する信用や営業の自由と、消費者の財産上の権利回復との調整問題が存在するといえよう。あるいは、取引DPF提供者が販売業者等に対する適切な情報管理の義務と、他方の消費者に対して負う安全な利用環境を提供する義務の調整を要しよう。

この点、従前より必要に応じて販売業者等の情報開示の義務に関して可能性は認められていたところ[58]、取引DPF提供者に紛争解決に関する最低限の役割を明確化したものが、開示請求権と考えることができるであろう。

---

[53]　鹿野菜穂子「取引デジタルプラットフォームを利用する消費者の利益の保護に関する法律の意義と残された課題」自由と正義872号（2021年）12頁。

[54]　Q & A 7頁、Q15への回答内容。

[55]　Q & A 9頁、Q20への回答。なお、総務省総合通信基盤局消費者行政第二課『プロバイダ責任制限法〔第3版〕』（第一法規、2022年）96頁の注5の指摘。

[56]　総務省総合通信基盤局消費者行政第二課・前掲注[55]90頁。

[57]　総務省総合通信基盤局消費者行政第二課・前掲注[55]96頁。

[58]　「当事者意思の推定を根拠」として匿名システム提供者に販売業者等情報の開示を認めるものとして、前田泰「匿名で取引するシステムを提供する者の責任」群馬大学社会情報学部研究論集28巻（2021年）118頁。

5 民事上の責任

⑴ 概 括

　最後に、取引DPF法の内容を離れ、取引DPF運営者が消費者に対して民事責任を負う場合があるかについて検討する。従前、取引の場の提供という側面が強調され、利用規約（約款）等による債務・責任免除が準備され、取引DPF運営者が責任を負う余地は小さかった。

　しかし、取引DPF法により販売業者等の連絡先確保や苦情対応の体制につき措置を講じる努力義務が課せられ、それが指針や官民協議会を通じた情報共有により、業界水準が具体化・可視化され、ひいては一定の安全なシステム構築、取引環境を整える義務が生じると考えられる。

　消費者、販売業者等は取引DPFのシステム上で契約を成立させるが、当事者情報や事故等信用に係る情報はDPF運営者からの提供に依存せざるを得ず、この点でリスクが増している。そして、より正確な情報は取引DPF運営者のみが把握しているのが現状であり、運営者はそれらの情報を顧客管理、販売開拓・促進などに利用している。このように取引DPFは、情報を取得・解析して利益を上げる業態であり、特定の当事者に不利益が生じるおそれが認められる場合、危険責任と報償責任に通底する考えが妥当し[59]、その運営者には一定の義務が生じうるといえよう。

　同義務の性質が、契約に基づくものか、一般義務によるものかは争いがある[60]。一般には、不法行為責任として構成する考え方が優勢と考えられる。確かに、取引DPF利用契約の特性として、消費者において無償の取引インフラとして扱われる場合も多く、そこで合意の希薄さがあり、義務の発見は不法行為上の一般義務と変わらないかもしれない。しかし、近時、EUの立法

---

(59)　鹿野・前掲注(8)12頁以下。

(60)　経済産業省「電子商取引及び情報財取引等に関する準則」(2022年4月)94頁は、「不法行為責任又はモール利用者に対する注意義務違反（モール利用契約に付随する義務違反）に基づく責任を問われる可能性」を指摘する。

動向を受け、利用者がDPFに提供する個人データを対価としてとらえる立場が有力化しており、程度に差はあるが、取得データにより広告、コンサルタント等の事業を展開、収益化の実情があり、また、取引DPF提供者の自主性および多様性を尊重しようとすると、契約によるコントロールを可能とする構成が望ましいように思われる。

そうすると、規模や取り扱う商品役務、運営方針の異なる取引DPF運営者を一様に扱うことはできず、課される義務の程度も変わってくることに留意が必要である。たとえば高度な不適正取引の感知システムや補償制度の導入のような、より高い安全性確保に関しては、DPFの提供するサービスの差異として消費者、販売業者等が適切に選択できればよく、まさに競争に委ねる領域となろう。

問題となる場面は、場の提供に係る利用契約上または取引契約上の責任を分けて考える必要がある。本来的には、取引契約自体から生ずる民事責任は、取引当事者が負うのが当然であり、原則、消費者トラブル（商品が届かない、故障していた、異なる物や偽物が届いた、サービスの質が低い、サービス提供に際して他に被害が出た等）についての責任は、当該当事者である販売業者等が負う。しかし、場の提供、すなわちシステムを構築する取引DPF提供者の責任はそれに尽きるものかが問われる。

⑵　利用契約上の責任

取引DPF提供者は、利用契約に基づき、場の安全性確保について民事上の義務を負うと考えられる。もっとも、利用契約当事者としての取引DPF提供者が提供するサービスまたはシステムそれ自体の瑕疵に由来する場面と、

---

(61) 馬場圭太「消費者契約における個人データの定位——EU消費者私法における『反対給付としての個人データ』の展開」関西大学法学研究所研究叢書第64冊（2022年）1頁、同「デジタルコンテンツの供給契約」法教502号（2022年）29頁。

(62) 三枝健治「民法・消費者法における契約責任の現代的課題」NBL1199号（2021年）46頁以下。

(63) 経済産業省・前掲注(60)92頁。

(64) 拙稿「インターネットショッピングモール運営者の法的責任——取引環境整備義務について」総合政策16巻2号（2015年）223頁。

取引契約上の問題を受けて取引DPF提供者が調整のため介入する場面も分けられる。

　まず、提供サービス自体に瑕疵がある場合に責任を負いうるのは当然といえよう。たとえば、販売業者等から個人情報が漏出した場合でも取引DPF提供者のシステムが原因となっていた場合（ウイルス感染経路等）、会員のなりすましによる被害が考えられる（販売業者等の確認は、取引DPF法3条の努力義務と相まって利用契約上の義務といえよう）。

　他方、取引契約に関する商品役務の違法・不適切な情報、悪質な評価（レビュー、ランキング、口コミ等）の放置による取引市場の撹乱・被害、苦情受付等への不対応などの場合に、消費者に対して一定の利用環境を備える義務が認められる場合がある。取引DPF提供者は、実際のリスクの大きさ、その契約上の地位に応じて、消費者にとって安全な利用環境ないしシステムを構築することが求められる。たとえば、契約成立時期の定めやエスクローサービスの導入、苦情に対する合理的期間内の調査、対応が考えられる。

　場の安全性に関する役割、民事上の責任を肯定し、「単なる場貸し」から脱却を認める一方、民法上のシステム構築責任の解釈には、予測可能性が低く消費者の利用困難やビジネス発展阻害のおそれなどの指摘がされる。しかし、取引DPF法が設定した苦情受付体制の努力義務が、官民協議会と相まって、取引DPFの一定のレベル上げを引き起こし、契約解釈および債務不履行責任における帰責事由に係る取引上の社会通念の内容更新につながると考え

(65)　国民生活センター「偽物が届くインターネット通販トラブルで"代引き配達"が増加しています！！」（2023年4月26日）。

(66)　特定DPF提供者には、検索順位・ランキング表示に係る主要事項の開示が義務づけられている（透明化法5条2項1号ハ）。

(67)　横浜地判令和4・6・17判時2540号43頁では、インターネットオークションのどの段階で契約成立となるかは、「個々の取引の規定、態様、経過等を考慮して当事者の合理的意思解釈」が必要とし、規約等によるコントロールを前提とする。

(68)　インターネットオークションについて詐欺被害が生じないシステム構築義務を指摘した前掲・名古屋高判平成20・11・11、原審である前掲・名古屋地判平成20・3・28参照。

(69)　商標権侵害の商品情報を合理的期間内に削除する義務を指摘した前掲・知財高判平成24・2・14。

(70)　鹿野・前掲注(8)11頁。

られる。

　なお、利用環境・システム設計に関する義務がどこまで契約に基礎づけられるのか、不法行為法上の過失責任と同一ではないか。この点、契約が基礎にあり、準委任的性質を有する利用契約においては善管注意義務をもって、専門的事業者などに具体的場面に応じて利用者の利益を確保する義務が生じ[72]るし、大枠として善管注意義務の導出も契約の趣旨によると考えられる。もっとも、不法行為法上の過失責任といってもDPF利用契約における判断の実質的内容は変わらず、また利用環境ないしシステム、これは専門業者として使用するデジタル技術の選択、導入、運用も含む組織過失の問題になる[73]。

　もちろん、契約責任構成にすると、利用規約における免責条項に加えて債務免除条項という、取引DPFビジネスの構造を形づくる条項群の有効性をどう解するかの問題が次に出てくる[74]。しかし、当該契約の本質的部分に係る債務を免除する条項は、まさに矛盾行為として契約解釈のレベルで契約に取り込まないという方向性が考えられる。利用規約に関しては、定型約款としての性格を有しており、契約への取込みが問題となる。

　いずれにせよ、端的に同種・同規模の取引DPF提供者が備える安全性から著しく劣り、あるいは、一般的にセキュリティとして当然備えていることが期待されるものである場合、「取引上の社会通念」あるいは信義則上、各当事者の義務として取り込めることはできるように思われる。そのうえで、免責規定の克服の問題を考えていく必要がある。

　もっとも、苦情が多い販売業者等に関しては、個別に説明義務が生じるのか、それは適切な基準によるランキングやスコアの提示により警告あるいは

---

(71)　水野謙「債務不履行と不法行為の帰責構造」安永正昭ほか編『債権法改正と民法学II　債権総論・契約(1)』（商事法務、2018年）1頁。

(72)　募集型企画旅行契約における安全情報等につき、「約款内容を含む旅行契約の趣旨・内容、旅行会社の地位・能力に鑑みれば、旅行会社は、旅行者に対し、旅行サービスの手配及び旅程管理という旅行契約上の主たる債務に付随する義務として、旅行の安全かつ円滑な実施の可否に関する情報について、適時適切にこれを収集・提供する義務を負う」とした裁判例（大阪地判平成31・3・26判時2429号39頁）が参考になる。

(73)　潮見佳男『新債権総論I』（信山社、2017年）412頁、河上正二「『組織的過失』について」中田裕康先生古稀記念『民法学の継承と展開』（有斐閣、2021年）777頁。

(74)　三枝・前掲注(10)279頁。

推奨することができるだろうか。販売業者等の側に提供しているシステムを考えると、大手の取引DPFにあっては、広告、決済、履行の一部引受け、さらにコンサルタント業務など種々のものがある。そして、たとえば利用規約において、契約成立時期を決済が可能となった時点と設定するなど、販売業者等の安全を図っている。対して、消費者においては問題ある販売業者等の事後的なアカウント停止などを行うこともあるが、ここはバランスを求めてよいのではないか。ただし、その場合でもスタートアップ企業などへの配慮は必要かもしれない。

とはいえ、事業者団体に参加する業者であれば、すでに高いレベルの保護を行っており、販売業者等の出店審査における公的書類等の提出を含めた本人確認、ウェブ面接などのように、実体ある当事者か確認する程度は善管注意義務の内容として求められよう。

⑶ 取引契約上の責任

続いて、取引契約上の責任を、販売業者等でなく、取引DPF提供者が前面に出て責任を負う法的根拠はあるかにつき、検討する。[75]

従前、取引DPF提供者があたかも取引契約当事者である販売業者等と誤認されうる事情があれば、消費者は信頼に基づく責任（名板貸し責任）を取引DPF提供者に追及可能であることが指摘されてきた。[76] 実際に適用された裁判例は見当たらない。仲介人としての責任も検討されたが、[77] 契約締結に尽力しているとまでいえないとして、否定する向きが強かった。もっとも、レ

---

[75] カライスコス　アントニオス「デジタルプラットフォームの販売責任」法セ822号（2023年）34頁。

[76] 「『場』の態様に応じて、例外的に責任を負う可能性」として、「PF事業者が自己の名前を前面に出して取引をしており、実際の販売者と誤認されるような場合（名板貸し）、あるいは、PF事業者によって売買目的物の品質の保証がされている場合であり、PF事業者自身も履行責任や損害賠償責任を負う」とし、商法14条、会社法9条の類推適用の可能性を指摘する（経済産業省・前掲注⑹92頁以下）。なお、CtoC含め、商品役務の品質・内容の確認・保証を行うマネージド・マーケットプレイスなどは、保証の例と考えられる。

[77] 田中志津子「プラットフォーム事業者（プラットフォーマー）の責任」岡孝先生古稀記念『比較民法学の将来像』（勁草書房、2020年）457頁。

コメンド機能やターゲティング広告により、消費者が強く推奨されていると評価すれば、そこでの商品等の性質について保証がなされたと考える余地はあるかもしれない。

さらには、DPF事業者のシステム構築義務[78]、決済関係の加盟店管理義務のアナロジー[79]、販売業者の存在を取引DPF提供者が吸収し、消費者との二面関係でとらえる試み[80]や、いわゆる複合契約論を前提として、単なる取引DPFの利用契約と取引契約を別々に考えず、DPFで行われる取引を複合体として、権利義務を把握する試み[81]などである。

取引全体での役割・位置づけにつき、取引DPF提供者が主であり、販売業者等が従たる場合には、取引契約上の義務履行を含めた責任を負うことはありうる。通常、履行過程の一部を担うのであれば、履行補助者にすぎないが、大手DPFの一部サービスでみられるように、契約締結等の機能の提供だけでなく、広告勧誘から決済の業務支援サービス、商品在庫の保管運搬の代行、出店から開業後のコンサルタント業務まで行う[82]ものがあることを直視すれば、取引DPF提供者が取引契約の実質当事者と考えられるからである。

たとえば、類似する販売業者等としてのビジネスのほぼすべてを取引DPFに管理委託する、ドロップシッピング（以下、「DS」という）[83]事例でも同様の議論があった。DSでは通常、契約の売主はネットショップ開設者（以下、「ドロップシッパー」という）である。しかし、現実にはDSP（ドロップシッピング・

⑺ 大澤彩『消費者法』（商事法務、2023年）141頁、中田邦博「消費者視点からみたデジタルプラットォーム事業者の法的責任」現消48号（2020年）26頁。

⑺ 割賦販売法におけるクレジット業者の加盟店管理義務のアナロジー、非マッチング型含め、「収集され集積されるデータの利用等に関しては、信認関係（情報フィデューシャリー）」に基づくルール形成を考慮すべきと考えられている（鹿野・前掲注⒄13頁、カライコス・前掲注⒂36頁）。

⑻ 中田・前掲注⑺30頁。

⑻ 中田・前掲注⑺30頁。

⑻ Amazonマーケットプレイスコンサルティングサービス、FBA（フルフィルメント・バイ・アマゾン）、楽天ECコンサルタント、同公式RMSサービススクエアおよびYahoo! Japanコマースパートナーマーケットプレイスの参加企業など。Amazonマーケットプレイスの実情につき、和久井理子「デジタル・プラットフォームによる『市場の組織化』と経済法」NBL1248号10頁。

サービス・プロバイダ）が支配的な立場にあり、DSPがドロップシッパーに業務の一部を委託しているととらえ、例外的に取引契約上の義務・責任を負う可能性が指摘されていた。[(84)]

　また仮に、責任が認められたとしても、利用規約における債務・免責免除条項の問題が残るのは利用契約上の責任と同様である。[(85)] 本質的な債務が何かを明らかにし、その債務や生ずる責任免除が、契約解釈で否定するか、消費者契約法10条にいう信義則に反するものか、検討の必要がある。

　以上、取引契約上の責任の可能性をあげたが、現状ではどれも確定的な理論といえない。EUにおいて、取引DPF提供者がDPFシステムを介して取引契約に対して支配的影響を有している場合に、提供者にも取引契約の責任を認める議論（ELI（ヨーロッパ法協会）による「オンライン・プラットフォームに関するELI準則」）やデジタル立法が進展し、日本でもそれらを参考にした議[(86)]論が盛んになっている。今後取引DPFに係る民事関係について明らかにするため、引き続き検討していきたい。

⒅　DSは、ドロップシッパーが、商品在庫や配送を行わず、購入者から注文があった場合にはメーカーや卸売業者等が行うビジネスモデルとされる（消費者庁「インターネット消費者取引に係る広告表示に関する景品表示法上の問題点及び留意事項」（平成23年10月28日、令和4年6月29日改定）11頁）。そこでは、DSショップ開設に必要な契約締結や決済等のシステムを提供するDSPが介在しており、DSPと取引DPFは類似する。なお、かつて悪質なDSPが簡単に儲かるなどと勧誘し、高額な費用をDSPに支払ったが、実際にはドロップシッパーが収益を得られないことが問題となったが、業務提供誘引販売ととらえ、特定商取引法による救済が図られた（奥野弘幸「ドロップシッピングを悪用した消費者被害と特定商取引法」現消34号（2017年）142頁、山田茂樹「ドロップシッピング等インターネット内職商法の問題点と対処方法」現消18号（2013年）26頁）。

⒆　森亮二「プラットフォーマーの法的責任」現消25号（2014年）45頁参照。

⒆　三枝・前掲注⑽279頁、中田・前掲注⑺28頁。

⒆　三枝・前掲注⑽253頁、カライコス アントニオス「デジタルサービス法パッケージの概要」消費者法研究10号（2021年）109頁、千葉恵美子「デジタル・プラットフォームビジネスの展開と民事法からのアプローチ」法時1170号（2021年）104頁参照。

6 おわりに

　本稿は前半で、取引DPF法の内容を確認した。同法は、取引DPF提供者一般を適用の対象とし、消費者・販売業者等双方に契約関係にあることから、取引当事者間に介入することを躊躇せざるを得ない状況にある中、介入への契機を定めている。ただし基本的構造は、あくまでその契機は販売業者等に対する他法による行政責任に求められ、法執行を助ける役割が課されたものにすぎない。

　内容でも、事業者がよりよい措置を展開していくことが努力義務であることは、一見すると取引DPF提供者に対する一般法とはいえ弱いとの印象を受けるが、情報共有を通じて運用改善や改正に向けたルートとして機能することが期待される官民協議会をうまく機能させることができれば、より高い消費者保護、より健全な市場を実現することができるように思われる。ただし、官民協議会という場で、よりよい議論の活性化をめぐる方策を消費者側の立場でも考えていく必要がある。

　次に、民事法での展開を別に考える必要がある。取引DPF提供者は、取引の場ないしシステムを消費者および販売業者等に提供、利用させる契約を締結している。そのため、利用契約において、取引DPF提供者の民事責任を考えることができ、例外的に通信販売取引への関与から同取引契約における責任を考えることができるかが問題となる。

　利用契約は、実際の利用実績は措くとしても、一応は一定期間継続する関係を前提としており、環境の変化や技術の革新により契約内容も可変的であることが想定されている。したがって、場としての機能の提供という中心的債務とともに、規模に応じた取引DPF提供者に期待される安全性、公正性を中核として、状況に応じた対応が求められる。必要に応じて利用環境を変化させることは大枠の契約から求められ、どのような水準で行うかは取引上の社会通念または信義則を根拠に、知り得た対応すべき問題の状況と、そこにかける相応の費用を考えながら、決定されることになろう。

　たとえば、いわゆるダークパターンにあたるウェブデザイン排除のように

DPF自身が改善できるものと、販売業者等による表示の不正確や、履行および解約受付の対応状況への指導では、業種・契約目的により求められる消費者への配慮内容、程度も異なるし、取引DPF提供者の規模により消費者の事業者への信頼も異なってくるだろう。結局、同種・同規模のDPFにおいて標準的な体制整備が、消費者（または販売業者等）との関係で求められるものと考えられる。

　他方、取引契約上、取引DPF提供者が登場人物として立ち現れる場合で、同契約上の責任を負う場合があるかだが、契約においてはひとまず販売業者等が契約当事者で主たる地位を占め、取引DPF提供者が従であるわけで、これを転倒させるには、販売業者等が所在不明など、責任追及が困難な場合であって、取引DPF提供者が主導的な地位にあることが必要と考えられる。この点は、外国法の展開も参照しつつ、今後とも検討していく必要がある。

【付記】
　本研究はJSPS科研費JP19K01398の助成を受けたものである。

▶ ▶ ▶ 実務へのアプローチ ▶ ▶ ▶

弁護士　向田　　敏

実務へのQ&A

Q 取引DPF法という法律を初めて聞いた。今まで、たとえばフリマアプリなどで相手方に騙されたとき、泣き寝入りすることもしばしばだったということも聞いたことがある。結局、この法律を用いて、消費者は何ができるのだろうか。

A

1　オンライン・ショッピングモールやフリマサイトでのトラブル

　インターネットでの取引はその便利さにより多数の一般消費者が利用するようになった。また、販売業者も販路の拡大のためオンライン・ショッピングモールやフリマサイトに多数出店することになった。

　このような結果、オンライン・ショッピングモールなどに出店している店舗で商品を注文したものの、商品が届かない、別の商品が届いた、商品が故障していたなどのトラブルが発生するようになった。

　さらに、このようなトラブルが発生した場合、連絡しても販売業者から回答がこなかったり、そもそも販売業者の連絡先の情報が虚偽であったりして連絡がとれないということもみられた。

　このようなトラブルが発生した場合、オンライン・ショッピングモールやフリマサイトの運営事業者は、利用規約に消費者と販売業者が直接交渉するように定めていることが多く、トラブル解決に介入せず、また、販売業者の連絡先を消費者に教えてくれないという場合もあり、消費者にとってトラブルの解決を困難にしていた。

　国民生活センターが2019年7月5日に公表した「デジタル・プラットフォー

ムに関するトラブル⁽¹⁾」にも、「オンライン・ショッピング・モールで海外事業者から購入したヘッドホンから出火した。モール運営事業者から教えられた海外事業者のメールアドレスに連絡をしたが返信がない。モール運営事業者からは『当社に責任はない』と言われた」、「フリマサイトで匿名の出品者からブランドのパーカを約3万円で購入した。商品が届き受取評価をしたが、パーカに記載されていた事業者名が正規代理店名ではないことに気付き、偽物なのかと出品者に問い合わせたが連絡が取れなくなった。フリマサイト運営事業者に問い合わせたが、『当事者間で解決するように』と言われたが、相手が特定できず何もできなかった」などの相談事例が寄せられている。

2 取引DPF法に基づく情報の開示請求

このようなトラブルの解決の促進のために、取引デジタルプラットフォーム提供者の協力を確保し、もって取引デジタルプラットフォームを利用する消費者の利益を保護することを目的として、取引デジタルプラットフォームを利用する消費者の利益の保護に関する法律（取引DPF法）が制定されたものである。

取引DPF法において消費者に認められたのは、販売業者等情報の開示請求（法5条）である。

消費者は、販売業者等との間の売買契約または役務提供契約に係る自己の債権（1万円を超えるもの）を行使するために、取引デジタルプラットフォーム提供者に対し、販売業者等の氏名、住所、電話番号、電子メールアドレスなどの開示を請求できることになった。

取引デジタルプラットフォーム提供者が開示を拒否するような場合は、消費者は開示を求める訴訟を提起することができる。

このような方法で、販売業者等を特定し、交渉や最終的には裁判によりトラブルの解決を図ることが可能になる。

---

(1) 〈https://www.kokusen.go.jp/soudan_now/data/degitalplatform.html〉。

3 CtoC 取引の場合

　一方、取引DPF法は、「取引デジタルプラットフォームを利用して行われる通信販売」を対象とするため、消費者と消費者（CtoC）の取引は対象としない。そのため、出品者が消費者の場合は、出品者の氏名、住所等の開示を求める権利はないことになる。

　この点、取引デジタルプラットフォーム上における個人間取引の拡大に伴い、一般的な生活領域の範囲を超えた取引が見受けられるため、消費者庁も「取引デジタルプラットフォームを利用する消費者の利益の保護に関する法律における『販売業者等』に係るガイドライン」において、「使用されていない、いわゆる『新品』や『新古品』等の商品を相当数販売している場合、『販売業者等』への該当性を推認させる事情になり得ると考えられる」などの具体例をあげて「販売業者等」にあたるかの指針を示しており、個人であっても営利の意思を持って反復継続して取引を行っている場合は「販売業者等」と判断される。

　なお、衆参両議院において、「売主が消費者（非事業者である個人）であるCtoC取引の『場』となるデジタルプラットフォームの提供者の役割について検討を行い、消費者の利益の保護の観点から、必要があると認めるときは、法改正を含め所要の措置を講ずること」を求める附帯決議がなされており、今後のトラブルについても注視していく必要がある。

4 取引デジタルプラットフォーム提供者の責任

　取引DPF法によって、販売業者の住所、氏名等が特定したとしても、販売業者が海外にいる場合や販売業者に資力がない場合は、訴訟を提起し、強制執行により被害を回復するのは極めて困難であり、泣き寝入りせざるを得ない事例もみられる。

　このような場合、端的に取引デジタルプラットフォーム提供者から支払いを受けることはできないのであろうか。

　この点、取引デジタルプラットフォーム提供者が補償制度を設けていることがあり、商品が届かなかった場合や欠陥品が届いたような場合、取引デジタルプラットフォーム提供者から補償が受けられる可能性がある。ただし、基本的には規約に定められた要件に従って補償の有無が決まるのであり、損害が回復するとは限らない。

　一方、取引デジタルプラットフォーム提供者に対する損害賠償請求は容易ではない。

　経済産業省の「電子商取引及び情報財取引等に関する準則」[(2)]（2022年4月）によれば、取引デジタルプラットフォーム提供者が責任を負う可能性があるものとして、①商品購入画面等モール運営者のウェブサイト画面で、売主がモール運営者であるとの誤解が生じうる場合、②モール運営者が特集ページを設けてインタビュー等を掲載するなどして、特定の店舗の特定商品を優良であるとして積極的に品質等を保証し、これを信じたがためにモール利用者が当該商品を購入したところ、当該商品の不良に起因してモール利用者に損害が発生した場合、③重大な製品事故の発生が多数確認されている商品の販売が店舗でなされていることをモール運営者が知りつつ、合理的期間を超えて放置した結果、当該店舗から当該商品を購入したモール利用者に同種の製品事故による損害が発生した場合などの例が記載されているが、実際に救済された裁判例は見当たらない。

5　取引DPF法上の努力義務と内閣総理大臣に対する申出

　取引DPF法の制定により、努力義務ではあるが、①消費者が販売業者等と円滑に連絡することができるようにするための措置を講ずること、②販売条件等の表示の苦情の申出を受けた場合において、事情の調査その他の当該表示の適正を確保するために必要と認める措置を講ずること、③販売業者等に対し、必要に応じて、その所在に関する情報その他の販売業者等の特定に資

---

(2)　〈https://www.meti.go.jp/policy/it_policy/ec/20220401-1.pdf〉。

する情報の提供を求めることが定められた（同法3条1項）。

「取引デジタルプラットフォーム提供者が努力義務として講ずるべきとされている措置等の実施状況について実態把握に努めるとともに、必要に応じ、消費者の利益の保護の観点から、更なる実効性の確保について検討を行い、必要があると認めるときは、法改正を含め所要の措置を講ずること」と附帯決議にもあるとおり、取引デジタルプラットフォーム提供者の自主的な取組みの状況によっては、民事的な責任についての立法化が必要になる可能性が考えられる。

取引DPF法10条は、「何人も、取引デジタルプラットフォームを利用する消費者の利益が害されるおそれがあると認めるときは、内閣総理大臣に対し、その旨を申し出て、適当な措置をとるべきことを求めることができる」と定め、この申出があった場合、内閣総理大臣に、必要な調査と申出の内容が事実であった場合適当な措置をとる義務を課している。

適格消費者団体や実務家としても、積極的に被害の情報収集および申出を行い、被害救済が困難な事例が多発する場合には法改正を求めるなど、取引DPF法の適正な執行を監視していく必要があると思われる。

４ 詐欺的な定期購入商法による消費者トラブルの予防と救済

尚絅学院大学総合人間科学系社会部門教授　**栗原由紀子**

本稿の概要

✓ 「お試し価格」で初回のみ購入の契約であると見せかけて、実際には数カ月にわたり商品を定期的に購入する契約を締結させたり、定期購入契約はいつでも解約できると表示しておきながら、実際には解約するための細かい条件等があり解約が困難であるといった、悪質な「お試し商法」、「詐欺的な定期購入商法」によるトラブルは増加傾向にある。

✓ このようなトラブルの解消を企図して、2021年（令和３年）に改正特定商取引法が成立した。2021年（令和３年）改正では、契約申込みの最終段階の画面等で定期購入ではないと購入者等を誤認させるような表示の禁止と直罰化、購入者等がそのような表示によって、誤認して申込みをした場合には購入者等に当該契約申込みの取消しを認める制度を創設した。

✓ 詐欺的な定期購入商法における「広告表示」は、景品表示法における不当表示の１つ「有利誤認表示」ともいえることから、適格消費者団体による問題事業者への差止請求や申入れが盛んに行われており、不当表示の改善に成果をあげている。

✓ 定期購入トラブルに巻き込まれた被害者救済としては、当該定期購入契約の取消しや解除により、当該契約から離脱するのが望ましい。

1　はじめに

　販売業者が、健康食品や化粧品等の販売にあたり、「お試し」と称して1回分の商品を無料または低価格で購入できると広告しておきながら、定期購入契約を締結させるといった、悪質な「お試し商法」、「詐欺的な定期購入商法」⁽¹⁾によるトラブルは増加傾向にある。定期購入トラブルに関しては、本シリーズでは、すでに第1巻において窪幸治岩手県立大学教授が『『健康食品の定期購入』を考える」(2018年)で、このような商法の問題点と被害者救済について詳細に考察されているが、その後も、お試し商法や定期購入トラブルの勢いは衰えを知らないことから、本稿において、同問題について再考する意義はあるだろう。

　詐欺的な定期購入商法における消費者トラブルには、お試しという表示を誇張して回数縛りを条件とした定期購入契約をさせる「回数縛り型」、中途解約した場合には解約料・違約金等を請求する「違約金型」、定期購入であると理解したうえで契約したものの、消費者による定期購入契約の解消を事業者が妨害する「解約困難型」がある⁽²⁾。いずれも、消費者の望まない契約関係が維持される消費者被害であり、これを解決して健全な市場を取り戻さねばならないだろう。

　そこで、本稿では、これらの被害の予防、あるいは被害者救済のため、現時点で法的にいかなる対応が可能か考えてみたい。まず、定期購入契約の概要と問題点や被害状況を紹介する。次に、そうした消費者被害に鑑みて2021

---

(1)　「詐欺的な定期購入商法」という呼称は、「特定商取引法及び預託法の制度の在り方に関する検討委員会報告書」(2020年8月)で使用されてから各所で一般的に使用されるようになったが、同報告書によれば、「詐欺的な定期購入商法」の具体的な手口としては、①消費者が定期購入であることを容易に認識できないような形で表示を行う手口、②消費者に定期購入であることを明示的に示しつつも「いつでも解約可能」と称して契約を締結させ、解除に応じない、または解除のためのハードルを意図的に上げ、明示しない手口であるとのことであった。
(2)　このような類型立てをして詐欺的な定期購入商法の問題点を指摘したのが、消費者委員会の「『悪質なお試し商法』に関する意見」(2020年6月26日公表)であった。

年に改正された特定商取引法の実効性の検討と、景品表示法における定期購入トラブル対応について、最近の適格消費者団体の活動状況等を踏まえた検討をする。最後に、被害者救済の観点から、特定商取引法および消費者契約法その他による法的対応の考察を試みる。

2　詐欺的な定期購入トラブルへの法的対応

⑴　定期購入契約とは

　定期購入契約とは、一度の申込みにより、定期的に商品が提供される取引のことである。また、自動更新型の契約が多く、解約が自由にできるものもあれば、中途解約が拒絶されるものもある。

　このような商取引は、事業者にとっては長期的収益が見込め、販売予測等が立てやすいという利点があり、消費者にとっても、毎回注文する手間が省けるうえ、価格や送料等が割安に設定されるという利点がある。一方、定期購入は、消費者にとっては、解約や返品手続が複雑で契約関係を解消しづらいというデメリットもある。とはいえ、雑誌の定期購入契約等は古くから存在していることから、定期購入そのものが必ずしも消費者トラブルを引き起こす悪質商法というわけではない。「初回お試し価格」と称した低価格の広告表示をみた消費者が、当該購入契約は1回だけの「お試し購入」であると思い込んで注文したところ、契約内容そのものは一定期間の定期購入であったという場合に、購入申込みをした消費者の認識と実際の契約内容にずれが生じる。[3] これが消費者トラブルの原因であり、このようなトラブルを誘発する広告等の規制と消費者への適切な情報提供が必要である。

⑵　消費者被害（消費者トラブル）の動向と特徴

　定期購入に関連した消費者トラブルは、インターネット通販によるものを中心として、年々増加傾向にある。PIO-NET登録の相談件数を見てみると、

---

(3)　村千鶴子『Q＆A市民のための特定商取引法〔第2版〕』（中央経済社、2023年）92頁。

2015年には4141件だったのが、2019年には４万4763件と実に10倍にも膨れ上がり、2020年に５万9575件となった。2021年には５万1453件と若干減少に転じたものの、トラブル件数は高止まりのまま、2022年には７万5478件と急激に増大した。年齢層別にみると、若年層よりもむしろ30歳代以上の各年齢層で相談件数が増加しており、特に50歳代以上で増加し続けている（〔図表１〕）。

　2022年の相談件数が急増した理由は、65歳以上の高齢者層の相談件数が前年の約２倍になったことにあるようだ。高齢者の定期購入トラブルの場合、65歳から75歳まではインターネット通販の割合が多い。年齢区分が上がるほどインターネット通販の割合が減少し、85歳以上では、主にテレビショッピングによる定期購入トラブルが発生している（〔図表２〕）。

　インターネット通販における定期購入の問題点や危険性については、被害状況が目立つようになった2016年頃から、国民生活センターや各自治体の消費生活センター、そして消費者庁においても盛んに注意喚起がなされるようになった。⁽⁴⁾このような状況に鑑みて、2021年（令和３年）改正特定商取引法により、通信販売に新たな規制や罰則、民事効が規定されるに至ったこともあり、その問題性は今や、一般的にもよく知られた事実である。それゆえ、従来のような定期購入であることを巧妙に隠して契約締結を誘導するような広告は減少しているようにも思われる。

　最近の傾向としては、特定商取引法の規律から逃れるための脱法的手法による被害が見受けられる。たとえば、購入回数条件のない定期コースに申し込んだところ、注文直後に表示された「特別割引クーポンを利用する」と記載されたボタンをクリックすることで、当該購入者の意図しない「○回購入

---

(4) 国民生活センターでは、2016年（平成28年）頃から、いくつもの注意喚起が行われてきた。たとえば、「相談急増！『お試し』のつもりが定期購入に！？——低価格等をうたう広告をうのみにせず、契約の内容をきちんと確認しましょう」（2016年６月）、「『お試し』のつもりが『定期購入』に！？　第２弾——健康食品等のネット通販では、契約内容や解約条件をしっかり確認しましょう』（2017年11月）。最近のものとして、「『定期購入』トラブル急増！！——低価格を強調する販売サイトには警戒が必要！」（2023年３月15日公表）、「【『おトクに試しただけ』のつもりが『定期購入』に！？（No.１）】電子タバコや医薬品も！！」（2022年７月21日公表）。

〔図表1〕　「定期購入」に関する消費生活相談件数の推移（年齢層別）

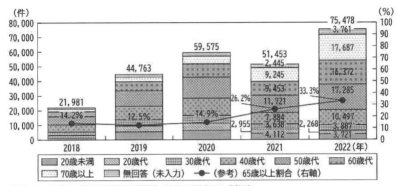

（備考）　1．PIO-NETに登録された消費生活相談情報（2023年3月31日までの登録分）。
　　　　2．通信販売での「定期購入」に関する相談件数。
　　　　3．2021年3月までの相談件数は「化粧品」、「健康食品」、「飲料」に関する相談。2021年4月以降の相談件数は全商品に関する相談。

出典：消費者庁「令和5年版消費者白書」

が条件の定期コース」に切り替わった申込みになってしまうというトラブルが報告されている。[5] また、2022年度の年齢別相談件数から、高齢者の定期購入トラブルの急増という特徴がみられることは先に指摘したが、その一例としては、テレビショッピングを契機とした購入者の意図しない「定期購入」勧誘トラブルがある。[6] たとえば、「テレビショッピングをみて、紹介されていた商品を購入するため販売業者に電話したところ、当該商品といっしょに別の商品を勧められたが、当該商品だけを購入した。しかし、

〔図表2〕　高齢者の「定期購入」インターネット通販の割合（年齢区分別・2022年）

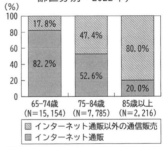

（備考）　1．PIO-NETに登録された消費生活相談情報（2023年3月31日までの登録分）。
　　　　2．通信販売での「定期購入」に関する相談件数。

出典：消費者庁「令和5年版消費者白書」

---

(5)　坂東俊秀「消費生活相談におけるトラブル事例から⑷」消費者法ニュース134号（2023年）155頁、国民生活センター「『おトクに試しただけ』のつもりが『定期購入』に！？（No.2）】注文直後に表示された『特別割引クーポン』を利用したら、いつの間にかコース内容が変わっていた！？」（2022年9月公表）。

後日、当該商品といっしょに、断ったはずの別の商品も届き、『定期購入』だった」とか、「新聞広告で商品が割引価格で販売されているのを見て、販売業者に電話したところ、『複数月試さないと効果がない。おまとめコースのほうが、価格が安くなる』と説明されて、複数月分がまとめて1回限り届くものだと思って注文したところ、複数月分の商品が定期的に届く『定期購入』だった」というものである[7]。

　このように、最近の定期購入トラブルは、高齢者が巻き込まれやすいという点と、必ずしもインターネット通販に限定されるものでないことに注意しなければならない。

(3)　定期購入トラブルと特定商取引法

(A)　2021年（令和3年）改正法前

　こうした定期購入トラブルが多発している状況に鑑みて、2016年（平成28年）改正では定期購入契約における通信販売の広告や、主にインターネット通販における申込みの確認画面等への規制が行われた。まず、①通信販売に際して定期購入であるときは、その旨と金額（支払代金の総額）、契約期間その他の販売条件を明示することが義務づけられた（2021年改正前特商11条5号、特商施行規則8条7号）。そして、②定期購入契約の申込みの最終段階の画面上で契約の主な内容のすべてが表示されない場合やそれが認識できないほど一部が離れた場所に表示された場合は、その内容を確認・訂正するための手段も提供されていない場合には、特定商取引法14条1項2号に規定する「顧客の意に反して申込みをさせようとする行為」に該当して、主務大臣により

---

(6)　「【『おトクに試しただけ』のつもりが『定期購入』に！？（No.3）】テレビショッピングなどをみて電話注文したら、意図せず『定期購入』に！？──『サンプル』『おまとめコース』などを勧められても要注意！」（2022年11月30日公表、2023年6月1日更新）。

(7)　テレビショッピングによる通信販売において電話等で購入申込みした場合、特定商取引法12条の6の特定申込みに該当しないおそれがある。しかし、このような事例においては、電話により新たな契約の勧誘を受けたものとして、電話勧誘販売に該当し、クーリング・オフで対処できる場合がある（消費者庁ウェブサイト「特定商取引法ガイド『電話勧誘販売の解釈に関するQ&A』」〈https://www.no-trouble.caa.go.jp/qa/telemarketing.html〉（最終閲覧2023年9月30日）参照）。

是正措置指示の対象となる（2021年改正前特商14条1項2号、特商施行規則16条1項1号・2号）[8]。

　しかし、法改正後も定期購入トラブルが多発する状況に改善がみられることはなかった。そのため、「特定商取引法及び預託法の制度の在り方に関する検討委員会」は、その「報告書」（2020年（令和2年）8月）において、通信販売の広告において初回無料等提示し2回目以降に高額な金額を支払わせることを「詐欺的な定期購入商法」として、特定商取引法におけるさらなる規制強化と、「インターネット通販における『意に反して契約の申込みをさせようとする行為』に係わるガイドライン」の見直しを提言した。そこで、2021年（令和3年）改正法では、悪質な（詐欺的な）定期購入契約の勧誘行為による消費者トラブルの発生防止を徹底する趣旨から、定期購入ではないと誤認させる表示等の規制・罰則などについての規定が新設されることとなった。

(B)　2021年（令和3年）改正法

　2021年（令和3年）改正は、詐欺的な定期購入商法における消費者トラブルの防止を企図して、①定期購入でないと誤認させる表示（定期性誤認表示）の禁止と直罰化、②定期性誤認表示によって誤認して行った契約の申込みの取消しを認める制度の創設、③通信販売の契約の解除の妨害にあたる行為の禁止、および④定期性誤認表示や解除の妨害等が適格消費者団体の差止請求の対象に追加された[9]。

(a)　定期購入でないと誤認させる表示（定期性誤認表示）の禁止と直罰化

　2021年（令和3年）改正では、まず、2017年の省令で定められていた定期購入である旨をその販売・提供条件として広告に明示する義務が、特定商取引法に規定されることで、その趣旨がより明確になった（特商11条5号）。また、2021年（令和3年）改正前特定商取引法では、通信販売における契約の申込画面の具体的な表示内容について法で定めていなかったところ、2021年（令和3年）改正法では、「当該特定申込みに係る書面又は手続が表示される映像面」において、①販売する商品・特定権利または提供する役務の分量、②申

---

(8)　大澤彩『消費者法』（商事法務、2023年）188頁。
(9)　志賀明「消費者被害の防止及びその回復の促進を図るための特定商取引に関する法律等の一部を改正する法律について」NBL1205号（2021年）4頁以下。

込期間の定めや返品権等に関する事項について、表示することが義務づけられた（特商12条の6第1項）。さらに、③書面の送付や情報の送信が通信販売の申込みになることについて、顧客を誤認させるような表示と、④上記①、②に関する事項について、顧客を誤認させるような表示をすることが禁止された。これに違反して購入者を誤認させる表示（不実の表示等）を行った場合には、行政処分のみならず、罰則の対象となる（特商70条2号、72条1項4号、74条1項2号）。

　さて、①の「分量」の表示が義務づけられたことは注目に値する。購入商品数を決めずに買うことは通常あり得ないので、分量の記載は当たり前のようにも思えるが、定期購入契約の場合、「定期購入コース全体を通して何個購入することになるのか」注文時にわかりにくいというトラブルが多いという実態を踏まえて、分量表示が義務づけられた。その他、2021年（令和3年）改正特定商取引法に基づく改正通達の別添7「通信販売の申込み段階における表示についてのガイドライン」によれば、定期購入契約における「分量」の表示は、「各回に引き渡す商品の数量等のほか、当該契約に基づいて引き渡される商品の総分量が把握できるよう、引渡しの回数も表示する必要がある」とされている。

　このような2021年（令和3年）改正法12条の6における販売事業者の表示義務は、「特定申込み」を受ける際のものとされており、専ら、インターネット通販における契約申込みを想定している。したがって、テレビ等で放映された広告を視聴して通信販売の契約申込みを電話で行う場合等は、最終申込段階において販売業者が定める様式の書式や画面を利用しないため、ここにいう「特定申込み」に該当しないので、いわゆるテレビショッピング等の通信販売は、2021年（令和3年）改正法12条の6による表示規制を受けないこ

---

(10)　中田邦博＝鹿野菜穂子編『基本講義消費者法〔第5版〕』（日本評論社、2022年）163頁。

(11)　特定商取引法に基づく行政処分については、消費者庁ウェブサイト〈https://www.caa.go.jp/policies/policy/consumer_transaction/〉（最終閲覧2023年9月30日）において確認することができる。

(12)　消費者庁「特定商取引に関する法律の解説（令和5年6月1日時点版）」〈https://www.no-trouble.caa.go.jp/law/r4.html〉104頁（最終閲覧2023年9月30日）。

とになる。

　　(b)　定期性誤認表示によって申込みをした場合に申込みの取消しを認
　　　　める制度の創設（特商15条の4）

　また、2021年（令和3年）改正法12条の6に違反した表示（定期購入でない
と誤認させるような表示など）を行った際に、購入者等が誤認して行った申込
みについては、購入者等はその申込みを取り消すことができる（特商15条の
4）。つまり、詐欺的な定期購入商法の被害に遭った購入者は、販売業者等
の表示義務違反を理由として、その定期購入契約を取り消して代金の支払い
を免れることも可能である。[13]

　　(c)　通信販売の契約の解除の妨害にあたる行為の禁止（特商13条の2）

　さらに、2021年（令和3年）改正法は販売業者が通信販売に係る契約の申
込みや撤回、解除を妨げるために、契約の解除に関する事項について不実の
ことを告げる行為を禁止する。たとえば、契約解除の連絡をした購入者に対
して、実際には特段の条件もなく解約できるのに、販売業者が事実に反して
「定期購入契約なので残りの代金も支払わないと解約できない」と告げる行
為、「その商品は、今使用を中止すると逆効果になる」などと告げる行為、あ
るいは広告では「いつでも簡単に無料解約可能」とうたいながら、実際には
解約するためのさまざまな条件や手続が別途規定されていた場合等であり、
このような違反をした事業者は罰せられる（特商14条、15条、70条1号、74条
1項2号）。

　　(d)　定期購入でないと誤認させる表示や契約解除の妨害等を適格消費
　　　　者団体の差止請求の対象に追加（特商58条の19）

　最後に、本改正法により、上記の定期購入でないと誤認させる表示や契約
解除の妨害等が適格消費者団体による差止請求の対象として、新たに追加さ
れた。

---

(13)　実務的には、消費者自身が販売業者と取消権の効果を交渉するのは困難であり、こ
　　のような民事効が創設されても、消費者救済には別途救済機関が必要であろうと指摘
　　をするものとして、「ワイド特集『詐欺的な定期購入商法』を規制強化する改正特商法」
　　消費と生活366号（2022年）13頁。

⒞ 残された問題

　従来の特定商取引法による通信販売規制は「広告規制」が中心であり、2016年（平成28年）改正や省令改正では、定期購入であることの表示や契約期間、支払金額等を広告に明示することが義務づけられていたが、こうした広告表示の義務づけだけでは定期購入トラブルの防止は困難であったとされる。したがって、2021年（令和3年）改正のうち、とりわけ特定商取引法12条の6の新設により、申込みの意思表示の内容を最終的に確認できるように表示規制されたことはトラブル防止にある程度の効果はあったのではないかと思われる。販売業者は、従来のように広告規制への対応だけでなく、申込段階における表示規制にも対応しなければならないからである。

　しかし、2021年（令和3年）改正以降の詐欺的な定期購入商法による相談件数の激増をみると、2021年（令和3年）改正の効果は一部にとどまり、被害防止に有効に機能しているとはいいがたい。その原因の1つには、2021年（令和3年）改正は、契約の申込段階の表示規制の改正にとどまり、詐欺的な定期購入商法対策としては、広告の表示規制が不十分なままだからであると考えられる。通信販売における詐欺的な定期購入のきっかけの多くが、SNS上の広告や動画、とりわけアフィリエイト広告であることは、さまざまに指摘されている。そうした広告における不適切な表現・表示を用いた脱法行為的手法が定期購入トラブルを急増させているのは明らかである。したがって、今後の定期購入トラブル予防のためには、広告画面についても十分な規制・法整備が急務であるといえよう。

⑷　定期購入トラブルと景品表示法

　このように、現状、特定商取引法による広告および申込段階の表示規制だけでは、詐欺的な定期購入トラブルへの対応は不十分である。主にインター

⒁　坂東俊矢「特定商取引法の改正──通信販売に関する改正を中心に」法セ816号（2023年）13頁。

⒂　日本弁護士連合会「インターネット上の詐欺的な定期購入商法被害の激増への対処を求める意見書」（2023年（令和5年）9月15日公表）においても、定期購入契約に係る広告画面への規制等の法整備を提案している。

ネット上で展開されるSNS上の広告（その多くはいわゆるアフィリエイト広告のようであるが）で商品の効果や低価格がさまざまな手法をもって強調されており、消費者は定期購入が条件であるということを十分に認識しないままに、その広告表示を信じて商品を注文してトラブルとなる[16]。そこで次に、事業者の供給する商品等に関する不当表示を禁止する「景品表示法」における広告規制を検討してみよう。

(A)　広告表示規制の概要

景品表示法は、広告対象である商品・役務等の品質・性能等の内容が表示内容と齟齬している表示を「優良誤認表示（景表5条1号）」、対象製品・役務等の提供契約に係る価格を中心とする取引条件が表示内容と齟齬している表示を「有利誤認表示（同条2号）」、内閣総理大臣が指定する表示に関するものを「指定告示に係る表示（同条3号）」としてこれらの表示を禁止し、これに違反した場合には行政は当該事業者に違反状態の是正を求める措置命令や課徴金納付命令を行うことができる（景表5条、7条、8条）。

また、2008年（平成20年）の消費者契約法改正により、「優良誤認表示」「有利誤認表示」は適格消費者団体の差止請求権の対象となった（景表30条）[17]。これにより適格消費者団体は、違反事業者に対して「当該行為の停止若しくは予防又は当該行為が当該各号に規定する表示をしたものである旨の周知その他の当該行為の停止若しくは予防に必要な措置」を請求することができるようになった。

(B)　詐欺的な定期購入商法における表示の有利誤認表示該当性

詐欺的な定期購入商法における広告の「お試し価格」等の表示は、定期購入がその「お試し価格」購入の前提条件であったという場合には、景品表示法にいう「有利誤認表示」に該当する可能性があるだろう。

「有利誤認表示」とは、実際の商品・役務の取引条件よりも著しく有利であるとか、競業事業者の商品・役務の取引条件よりも著しく有利であると一般消費者に誤認される表示であり、このような表示は不当に顧客を誘引し、

(16)　木下聡子「定期購入被害の実情と法規制のあり方」現消49号（2020年）80頁。
(17)　大澤・前掲注(8)411頁。

一般消費者による自主的かつ合理的な選択を阻害するおそれがあることから
禁止されている。ただし、景品表示法上問題となるか否かは、表示媒体にお
ける表示内容全体をみて、一般消費者が当該表示について著しく有利である
と誤認するか否かで判断される。[18] したがって、有利な契約条件（お試し価格
等）のみ強調され、不利な契約条件（定期購入）が目につきにくい形で表示さ
れている広告は、表示全体として一般消費者が誤認するおそれがあるとして、
「有利誤認表示」として行政による措置や適格消費者団体による差止請求が
可能ではないかと考えられる。

　もっとも、一般消費者に対して、商品・役務の内容や取引条件について訴
求する強調表示は、それが事実に反するものでない限り、何ら問題とはなら
ない。ただし、強調表示だけでは、対象商品・役務等のすべてが無条件かつ
無制約に、一般消費者にあてはまるとされる可能性があるため、例外や諸条
件・制約がある場合には、そのことを表示する必要がある。これを「強調表示」
に対する「打消し表示」という。この打消し表示が一般消費者にわかりやすく、
かつ適切に行われないと当該表示は不当表示ということになる。定期購入ト
ラブルの特徴として、購入者が「定期購入が条件であることが認識できなかっ
た」といったことがあげられるが、これは、当該広告において、「初回お試し
価格」といった「強調表示」に対する「定期購入が条件」といった「打消し表示」
が行われていないか、行われていても十分でなかった場合に生じるというこ
とが指摘される。[19]

　事業者が打消し表示を行っても一般消費者がそれを認識かつ理解できなけ
れば、当該「強調表示」で示されたとおりに「誤認する」可能性があることか
ら、当該打消し表示は、強調表示と矛盾しないことと、一般消費者が認識お
よび理解できるような表示であるか検証する必要がある。とりわけインター
ネット上の広告については、その実態調査において、[20]「スクロールが必要な
場所に表示された打消し表示は、同一画面内に表示された打消し表示よりも

(18)　消費者庁「不当な価格表示についての景品表示法上の考え方」〈https://www.caa.
go.jp/policies/policy/representation/fair_labeling/guideline/pdf/100121premiums_35.
pdf〉（最終閲覧2023年9月30日）。
(19)　古川昌平「誌上法学講座第5回表示規制(4)打消し表示」国民生活95号（2020年）38頁。

一般消費者は見ない（読まない）傾向」が確認されたことを考えれば、インターネット上の広告等で打消し表示を用いる場合には当該打消し表示は強調表示と隣接（同一視野）に示すことが適切であるといわれている[(21)]。一画面に強調表示と打消し表示を同一視野に入れようとすると、かえって理解しにくくなる場合は、この限りではないが、強調表示と打消し表示を別ページで示す場合は、ハイパーリンクを設定するなどの工夫は必要だろう。また、インターネット通販では、トップページで強調表示を確認した場合にも、一般消費者が取引をするまでに必ず確認する別ページがあるのであれば、そこに打消し表示を明瞭に示せば一般消費者は通常打消し表示を認識しうると考えられている[(22)]。

(C)　裁判例

定期購入トラブルにおいて、一般消費者の「打消し表示」に対する認識により、有利誤認表示か否かが争われた事件がある。Y社が運営する定期購入コース「ラクトクコース」と呼ばれる本件商品の購入契約が、実際には最低４回分以上継続して購入することを条件としており、支払総額は１万1070円となるにもかかわらず、当該通販サイトには初回購入の金額が630円であるということが目立つように表示しており、その表示は、購入者が本件商品を１回だけ購入する契約であるかのように装っていたというものであった。適格消費者団体Xは、当該表示が、本件は定期購入ではなく１回だけの購入であると消費者の誤解を招くこと、返金のしくみが消費者にとってわかりにくいことから、こうした表示は景品表示法５条２号の「有利誤認表示」にあたるとして、同法30条１項２号に基づき本件表示等の差止めを求めたという事案である。

第１審（名古屋地判令和元・12・26判例集未登載（2019WLJPCA1226009））は、

---

(20)　消費者庁は、打消し表示に関する３つの実態調査を実施し、①「打消し表示に関する実態調査報告書」（2017年７月公表）、②「スマートフォンにおける打消し表示に関する実態調査報告書」（2018年５月公表）、③「広告表示に接する消費者の視線に関する実態調査報告書」（2018年６月公表）の３つの報告書を公表している。

(21)　古川昌平「デジタル化と景品表示法の問題――デジタル広告と打消し表示、デジタル広告の調査困難性に関する問題・対応」ひろば76巻６号（2023年）45頁。

(22)　古川・前掲注(21)48頁。

景品表示法上の「有利誤認表示」とは「健全な常識を備えた一般消費者の認識を基準として社会一般に許容される程度を超えて取引条件の有利性があると誤って認識される表示をいう」と解すのが相当であるとして、本件表示は、本件契約が初回のみの契約であると誤認させる表示ではないと判断し、Xの請求を棄却した。そこで、Xが控訴。Xは控訴審では、確認画面において契約条件の有利な部分のみを取り出して強調するのは有利誤認表示になると追加で主張した。

しかし、控訴審(名古屋高判令和3・9・29判例集未登載(2021WLJPCA09296004))も第1審同様、Xの請求は棄却された。

控訴審もまた第1審同様「健全な常識を備えた一般消費者の認識」を基準として、Y社の表示を有利誤認かどうか判断したところ、購入者は、広告のトップ画面から申込みボタンをタップして注意事項ページに遷移し、当該注意事項をスクロールしなければ、注文フォームに入力できないから、購入者は本件購入が定期購入であることや、中途解約が容易でないことを購入申込み時に認識・理解することは可能であり、本件は有利誤認表示にはあたらないと判断した。つまり、トップページの一部の広告表示に、初回金額のみ安価に見えるように配置し、購入回数制限等のある定期購入であることの表示がわかりにくいとしても、広告全体からみて、契約内容の説明がなされていれば有利誤認表示にはならないと判断したのである。

本件はすでに上告不受理(最決令和4・3・31判例集未登載)につき、控訴審が確定しているので、今後の裁判実務もまた、当該広告の表示が有利誤認表示かどうかは、広告全体から判断されることになるであろう。本件控訴審の判断は、不合理ではないとの見解もあるが、消費者のインターネット通販における物品購入等への意識、とりわけ、スマートフォン等の小型の媒体を利用する際の、画面に表示された打消し表示に対する認識や理解の実態等

---

(23) 第1審の判例研究として、染谷隆明「独禁法事例速報」ジュリ1546号(2020年)6頁。

(24) 控訴審の判例研究として、植村幸也「独禁法事例速報」ジュリ1571号(2021年)6頁、伊藤陽児「健康食品の定期購入にかかる差止請求訴訟事案の報告と課題」生活協同組合研究566号(2023年)29頁。

(25) 古川・前掲注(21)49頁。

に鑑みると、判決には疑問がある。

ところで、この事件におけるＹ社の当該物品に関する定期購入コースについては、Google検索エンジンにより検索した際に表示される検索連動型広告の遷移先ページにおいて、現在、不当表示性は解消されているようである[(26)]。本件差止請求訴訟は適格消費者団体の敗訴であったが、結果的には、実質的な問題状況が改善されたようであった。

(5)　適格消費者団体による差止請求および申入れ等

このように、現在の裁判実務では、詐欺的な定期購入の広告を有利誤認表示として差し止めるのは今後も厳しいと考える。消費者庁は、特定商取引法による行政処分には意欲的ではあるが[(27)]、景品表示法による措置命令等は現時点でも存在しない。

これに対して、いくつかの適格消費者団体では、景品表示法に基づいて精力的に差止請求や申入れを行っている。これにより、いくつもの詐欺的な定期購入となる不当表示が解消されているという現実は注目に値する[(28)]。差止請求や申入れを受けた事業者の多くは、適格消費者団体からの「差止請求」や「申入れ」を受け入れ、不当表示の改善に尽くし、当該商品に対する定期購入システムそのものをやめた場合もある。つまり、適格消費者団体のこのような活動には、事実上、定期購入トラブル状況の改善を促していく効力が

---

(26)　古川・前掲注(21)50頁。

(27)　笹路健「詐欺的な定期購入商法への対応と信頼に根差した通信販売市場の重要性」消費者法ニュース126号（2021年）24頁。

(28)　多くの差止請求および申入事例があり、それらは各団体のウェブサイトで活動報告として紹介されている。とりわけ数多くの事案を手がけているのが京都消費者契約ネットワークであり、以下のウェブサイトを参照されたい〈http://kccn.jp/mousiir-kenkoushokuhin.html〉（最終閲覧2023年９月30日）。

ここでは、適格消費者団体の活動例として消費者市民ネットとうほくにおける活動とその顚末を紹介する。

光井製薬株式会社に対し、サプリメントの宣伝広告（実際には４回分購入しなければ、低額の初回お試し価格での購入はできないにもかかわらず、初回のみの申込みでもお試し価格で購入できるかのような誤解を与える広告等）が、景品表示法の有利誤認表示（30条１項２号）や優良誤認表示（同項１号）に該当すると判断し不当条項是正を申入れ（2019年11月28日）、その後、改善された。

あり、不当表示を迅速に撤回・改善させるのに、非常に有効であることが明らかとなっている。[(29)]

　また、特定商取引法の2021年（令和3年）改正により、申込みの最終画面のつくりこみに問題がある場合にも、特定商取引法に基づく差止請求が適格消費者団体に認められた。今後は、景品表示法や消費者契約法だけではなく、特定商取引法に基づく差止請求を適格消費者団体が行うことで、一層の問題状況の改善を期待するものである。

3　定期購入トラブルと被害者救済

(1)　概　要

　詐欺的な定期購入商法による被害を防止するための法的対応として、特定商取引法や景品表示法による広告や特定申込画面等への表示規制、不当表示への差止請求を検討してきた。しかし、詐欺的な定期購入商法対策として、広告規制や最終申込段階での表示規制をしても、これらの法的対応ではすでにトラブルに巻き込まれた被害者の救済にはならない。「お試し価格」で購入すると見せかけて定期購入契約に巻き込まれた場合のように、購入者（消費者）が意図しない契約をしてしまった場合や、いつでも解約可能と勧誘されながら、実際には、解約には条件が付されて中途解約ができない場合や、解約方法として電話連絡のみに限定されているにもかかわらず、当該電話がつながりにくいといった実質的な解約妨害にあうなど、詐欺的な定期購入による被害は枚挙にいとまがない。これらの定期購入トラブルに巻き込まれた被害者の救済手段としては、当事者が意図しない定期購入契約等からの解放・離脱や解約制限条項を無効とするのが望ましい。以下、現行法上の解決手段を考察してみる。

(29)　宮城朗「インターネット通販による定期購入契約と適格消費者団体による差止め──景品表示法違反に基づく差止めを中心として」現消44号（2019年）108頁。

⑵ 契約取消し

㈰ 特定商取引法および消費者契約法による契約取消権

特定商取引法は2021年（令和3年）改正により、詐欺的な定期購入対策の一環として、特定申込みを受ける最終段階の表示として禁止された表示をすることで、消費者が誤認して契約を申し込んだ場合には、申込みの意思表示を取り消すことができるとの規定を設けた（特商15条の4）。これにより、インターネット通販等における申込最終画面の表示に不備があり、契約内容や条件を誤認した消費者は当該契約申込みを取り消すことができる。たとえば、購入者が解約申入れのため、当該事業者に申込書面等に表示された電話番号にかけてみたところ、つながりにくい状況にあったという場合には、確実につながる電話番号を記載しなかったということから、「契約の申込みの撤回または解除に関する事項（特商12条の6第1項2号・11条5号）」について不実のことを表示する行為に該当し、かつ消費者がそのような表示により、当該電話番号について誤認して当該定期購入契約を申し込んだと解釈することで、特定商取引法15条の4により、当該定期購入契約を取り消しうる。このような通信販売における新たな民事効の新設自体は評価できる。しかし、消費者自身が当該事業者に対して取消権に関する交渉をするのは事実上困難であろうとの懸念はある。

消費者契約法では、消費者は、事業者の消費者を誤認させるような不適切な勧誘による契約や申込みを取り消すことができる（消契4条以下）。「お試し」等の文言を強調しながら、定期購入等の条件を目立たないよう記載したり、別ページに飛ばないと定期購入条件が確認できないようにして、消費者（購入者）の目に定期購入条件等がとまらないような広告は、消費者にとっての利益（初回無料、お試し低価格）を告げる一方で、不利益となる事実（定期購入条件、購入回数縛り、結果として総額において高額支払いになる）を告げていな

---

(30) 大澤・前掲注(8)188頁。

(31) 「広告」が消費者契約法における「勧誘」に該当するか否かについては、いわゆる「クロレラ事件（最判平成29・1・24民集71巻1号1頁）」において、広告も同法における「勧誘」であると判示されたことにより、論争の決着はついた。

いということができる。つまり、「不利益事実の不存在を誤認させる勧誘」として消費者は、当該契約の申込み等について誤認惹起取消しを主張できるだろう。

　しかし、この場合には、広告表示の内容が消費者契約法4条2項のいわゆる「重要事項」要件を満たしうるかという点と、消費者の目につきにくい箇所や小さい文字で目立たないような表示であったとしても、広告等に定期購入等に関して一応の記載があり、申込画面等にも購入回数、期間、総額等の表示がある場合には、これを消費者契約法上、「不告知」と評価できるかという問題はある。[(32)]

(B)　錯誤取消し（民法95条、電子消費者契約法3条）

　定期購入契約は、内心的効果意思（お試し価格で初回のみ購入しようとの意思）と当該契約の申込みの意思表示との間に不一致があるとして当該契約申込みについて錯誤取消しを主張する余地はあるだろうか。つまり、当該商品購入契約は、1回契約ではなく、定期購入であったとする部分に錯誤がなければ通常そのような契約をしなかったとして、錯誤取消しを主張するのである。ただし、広告および契約書面等に定期購入条件が明示されている場合には、それに気づかなかったという点に重過失があるとして、錯誤取消しを主張できない可能性はある（民法95条3項）。

　これに対して、インターネット通信販売の場合であれば、電子消費者契約において錯誤に陥った消費者は重過失の有無を問わず錯誤取消主張できる（電子消費者契約法3条）。また、意思表示の相手方が表意者の錯誤に気づかなかったことにつき悪意もしくは重過失がある場合は、重過失ある表意者でも錯誤取消しが可能である（民法95条3項1号）。

(3)　解約制限条項および返品不可特約の不当条項該当性（消費者契約法10条）

　詐欺的な定期購入には、購入回数や期間制限はないが、通常価格での商品

---

(32)　宮城・前掲注(29)107頁は、定期購入事例において打消し表示が極めて目につきにくい形でも「一応書いてある」という広告では、「不利益事実の不告知」の主張は困難であると指摘する。

購入が「解約」条件とされて初回お試し価格から通常商品価格の差額を請求される場合（＝解約手数料請求型）や、解約方法として電話連絡のみとされるにもかかわらず、電話がつながりにくい、電話連絡可能な時間が指定され、通常の勤務状況では電話できない場合、あるいは、広告表示等ではいつでも解約可能とうたっているにもかかわらず、解約申請期間外とされ、次回分の商品受領と支払いをせざるを得ないという場合がある（＝解約意思表示困難型）。このような「定期縛り」条項や解約制限条項が広告や申込画面に当該定期購入契約の契約条項として存在するならば、それを不当条項規制の一般条項である消費者契約法10条[(33)]により無効とする余地もあるだろう。

　たとえば、1回でも購入すれば自動的に定期購入となる契約条項は、消費者契約法10条前段要件に例示する「消費者の不作為をもって当該消費者が新たな消費者契約の申込み又はその承諾の意思表示をしたものとみなす」という条項であることから、同条前段要件を満たすといえる。さらに複数回の購入が解約条件とされたり、解約方法が電話連絡に限るなど制限がある場合[(34)]は、契約を更新しないという意思表示をする機会が奪われていると考え、信義則に反して消費者の利益を一方的に害する可能性が高いため、同条後段要件をも満たすので、そのような定期購入条項は無効になる可能性はあるだろう[(35)]。

　また、長期間・継続的に多くの物品を購入していく定期購入契約において

---

(33)　消費者契約法10条による不当条項の内容規制の詳細については、中田＝鹿野編・前掲注(10)115頁以下を参照した。

(34)　2022年（令和4年）消費者契約法改正過程において、解約方法が制限される条項を不当条項として規制しようという動きがあった。法改正に向けて開催された「消費者契約に関する検討会」の「報告書」（2021年9月）において、「消費者の解約権の行使を制限するものと評価できる契約条項」を、消費者契約法10条の第1要件（前段要件）に例示することが提言されていた。たとえば、解除に伴う手続に「必要な範囲を」超えて、消費者に労力または費用をかけさせる方法に制限する条項や、当該消費者契約の締結の際に必要とされた手続等と比して、消費者の労力または費用を加重するような解約条項が想定される。しかし、2022年（令和4年）改正消費者契約法では、このような「報告書」の提言が盛り込まれることはなかった。この理由について、政府参考人は、解除権行使の制限のみでは直ちに不当性が推認できないことと、消費者の解除権行使の制限は、電話に応じないなどの事業者の運用により生じるものが多く、不当条項による問題ではないといったことを、国会において答弁している。

は、とりわけ、健康食品や化粧品といった商品の特性に鑑みると、通信販売における「返品不可」特約もまた消費者契約法10条により無効とする余地があると思われる。「返品不可」特約が無効となれば、特定商取引法により認められた法定の返品権を行使することになるので、商品引渡しを受けた日から8日以内であれば当該契約を解除して物品を返還することが可能になる（特商15条の3）。

⑷　その他の救済可能性と望まれる法制度──中途解約権とクーリング・オフ

　定期購入契約を継続的取引の1つであると考えれば、これを「特定継続的役務提供」と同様の趣旨のもと、特定商取引法上、クーリング・オフや中途解約権、取消権といった民事ルールを規定することも可能だろう。これはいわば、「特定継続的物品供給契約」という特定商取引類型を新たに策定するというものである。

　あるいは、クーリング・オフ制度の適用を拡大し、とりわけ、「通信販売」への導入を検討してもよいと考える。確かに、訪問販売等でクーリング・オフの適用が認められているのは、販売手法に「不意打ち性」「密室性」「攻撃性」があることにあり、購入者が自ら広告やカタログ等をもとに申し込む通信販売には「不意打ち性」等がないため、通信販売には従来からクーリング・オフが認められていない。しかし、「継続的役務提供」や「連鎖販売取引」にもクーリング・オフが認められている今日では、「不意打ち性」の有無をクーリング・オフの是非とする理由が成り立たない。むしろ、クーリング・オフ制度は、「消費者の自由な意思を尊重しそれが阻害されている消費者取引において、自由な意思形成を保障する[36]」ためにも必要であるということができよう。つまり、クーリング・オフは、購入者の自由な意思形成を実現するための手段という

---

(35)　自動更新条項の不当条項規制については、サブスクリプションに関するものであるが、栗原由紀子「サブスクリプション契約における消費者トラブルと自動更新条項」現消55号（2022年）63頁以下参照。

(36)　近藤充代「消費者取引類型とクーリング・オフ権」日本福祉大学経済論集8号（1994年）28頁。

ことができる。とりわけ、通信販売で購入した物品は、契約締結時点での「非現物性」ゆえに、当該商品についての情報や知識が不足した状態で購入者の意思形成がなされたといえる。これは、「消費者の自由な意思形成」の阻害といえるのではないか。[37]

　通信販売にクーリング・オフ制度を導入することについては、すでに、さまざまな研究がなされているところであるが[38]、自由な意思形成を保障し、購入者（消費者）の私的自治を回復するためにも、通信販売へのクーリング・オフの適用は理論的にも妥当であろうと考える。

4　おわりに

　2021年（令和3年）改正特定商取引法は、「詐欺的な定期購入商法」の被害予防としては、不十分な改正であった。それは改正後の「詐欺的な定期購入商法」に関する相談件数の増加傾向からも明らかであり、今後、さらなる法改正が望まれる。

　具体的には、定期購入契約における「広告画面」に対する規制の強化であろう。2021年（令和3年）改正特定商取引法は、通信販売業者が申込みを受ける特定申込画面における表示については、詳細な規律をしたが、広告規制、とりわけ問題の多発するアフィリエイト広告の不当表示問題への対応が不十分である。それゆえ、消費者は、広告表示の段階で契約内容を誤認したまま

---

(37)　近藤・前掲注(36)によれば、クーリング・オフ権を必要とする消費者意思に対する阻害要因、すなわち、「消費者の自由な意思形成をゆがめる要素」とは、①契約内容等に関する情報・知識の非対称性、②特殊な販売・勧誘方法に起因する意思形成不全要素（ⓐ不意打ち性、ⓑ密室性、ⓒ情報の不十分性、ⓓ高圧的勧誘、ⓔ詐欺的勧誘、ⓕ心理的効果の悪用）、③取引対象等の属性に起因する非現物性、④割賦等の支払方法に起因する意思形成不全要素であり、消費者契約の類型ごとに分析した結果、店舗での現金払いによる売買のごく一部を除き「意思形成をゆがめる要素」が複数存在するといえるので、原則として、クーリング・オフは認められるべきであるとする。

(38)　さしあたり、以下の文献をあげておく。丸山絵美子「クーリング・オフの要件・効果と正当化根拠」専修法学論集79号（2000年）32頁、高田寛「電子消費者契約における撤回権について——クーリング・オフ導入の可否を中心に」最先端技術関連法研究7号（2008年）59頁以下。

申込みをしており、これが現在のトラブル増加の一因となっている。

　一方、2022年（令和4年）改正消費者契約法は、事業者による解約手続等の運用の不備が原因で消費者が解除権を容易に行使できなくなる状況への対応を企図して、事業者に対しての解除権に関する情報提供努力義務を新設した（消契3条1項4号）。本条の新設により「詐欺的な定期購入商法」における「解約困難型」被害に対して一定の対応がされたことは評価できる。しかし、法的強制力のない努力義務が問題解決にどれほど有効なのであろうか。法令を遵守しない悪質な事業者に対する本規定の努力義務の実効性については疑問がある。

　次に、2022年（令和4年）消費者契約法改正では、消費者庁に設置された「消費者契約に関する検討会」による2021年（令和3年）9月の報告書が提言した「消費者の解除権行使の制限条項」を消費者契約法10条の前段要件の例示として追加することはなかった。しかし、たとえ消費者契約法10条の前段要件に当該契約条項の例示がなかったとしても、解約申入れを電話ないし店舗での手続に限定するといった契約条項は消費者の解除権の行使を制限する条項であるとして消費者契約法10条の前段要件および後段要件を満たすような契約条項と評価できれば、現行法上でも、消費者契約法10条の適用を妨げるものではないだろう。

　景品表示法については、裁判実務上、詐欺的な定期購入事例において「有利誤認表示」による不当表示規制は厳しいと思われる。また、消費者庁による措置命令等も今後期待できないだろう。

　しかし、適格消費者団体による景品表示法30条に基づいた差止請求や申入書が詐欺的な定期購入商法の予防にあたって一定の成果をあげているのは間違いない。

　雨後の筍のごとく出現する詐欺的な定期購入商法への対処は、消費者庁の行政処分や立法では追いつかない。このような消費者被害・トラブルの防止や解消のためには、今後も適格消費者団体の差止請求や申入れ等の活動が一層期待される。

▷ ▶ ▶ 実務へのアプローチ ▶ ▶ ▶

弁護士　男澤　　拓

実務へのQ&A

Q　近時、いわゆる詐欺的定期購入の対策のために法改正が行われたとのことだが、被害はなくならないようである。どのような問題があるのだろうか。

A

2021年改正の概要については、栗原論文に譲るが、2021年改正では、通信販売契約に係る特定申込画面、いわゆる「最終確認画面」に関する規制が主となっており、特に商品の広告部分について、十分な規制がなされているとはいいがたい状況であった。そのため、たとえば、商品を購入した後にあたかもさらにお得になるかのようなクーポンを表示させ、当該クーポンを利用すると契約条件（解約料や定期の期間）が変更となって、不利益を被ることになっているケースなどが報告されている。[1] また、「インターネット通販における『意に反して契約の申込みをさせようとする行為』に係るガイドライン」の内容がいまだに抽象的であることから、小さな文字でも表示がなされてさえいれば、事業者側から「適切に表示している」との反論も容易に許す原因にもなっている。

さらに、SNSなどに掲示される広告の内容自体は依然として特定商取引法や景品表示法等にも触れるような状況であるのにもかかわらず、公式ウェブサイトの内容は適切であるだとか、確認画面に十分な記載があると主張して消費生活センター等のあっせんには応じないとの実情もあるようである。

これらの問題点は、消費者が「騙された！」と思った後に当該広告を探しても、ターゲティング広告による偶発的な表示であることから、発見するこ

---

(1)　国民生活センター「『おトクに試しただけ』のつもりが『定期購入』！？（No.2）」〈https://www.kokusen.go.jp/news/data/n-20220907_2.html〉。

とができないことが多い。また、前述した「クーポン」事案では、実際に再度購入しなければ契約内容が表示されないという手段をとっている事業者もある。そのため、消費者が誤認した当時の広告の謳い文句、最終確認画面の表示が具体的にどのような表示になっていたのかを確認・再現することができず、特定商取引法や消費者契約法の違反を具体的に主張できないという問題が存する（そして、各地の消費生活センターにおいても、広告や最終確認画面の確認ができないため、十分なあっせんができないという実情も同様に存する）。

　そのため、2021年に特定商取引法が改正され、いったんは収束するかにみえた詐欺的定期購入被害であるが、その相談件数は再度増加傾向の兆しにある。

　このような現状を問題視した日本弁護士連合会は、2023年9月15日、「インターネット上の詐欺的な定期購入商法被害の激増への対処を求める意見書」を取りまとめ、公表している。

　その内容は、詐欺的定期購入の対策として、広告に関し、①商品・特定権利・役務の分量を表示義務の対象に追加すべきこと、②初回分の価格・数量と2回目以降の価格・数量・回数を分離して表示する方法を禁止すること、③支払総額・引渡し総数量および引渡し総回数（無期限の場合は例示として1年あたりの金額・数量・回数等）を消費者が見やすい位置に消費者が容易に認識できるよう表示すべきこと、④その他、特定商取引法11条に掲げる事項および商品・権利・役務の分量について人を誤認表示させる表示を禁止すること、これに違反した広告によって誤認した消費者からの取消権の創設などを求めている。

　また、広告に関する保存義務や申込者に対して確認画面の内容を送信する義務、申込みと同等の解約申出方法を定めること、違約金等の上限規定を定めるようにも求めている。

　諸外国において、たとえば米国においては、「不公正または欺瞞的な行為または慣行」を禁止しており、アフィリエイターが行った広告についても、広告主が責任を問われることになっているし、また、広告についての保存や

開示義務等を認めている事例もある。⁽²⁾

このような諸外国の規制との比較や昨今の詐欺的定期購入被害の急増という情勢を踏まえれば、日本弁護士連合会が求める意見書の内容について、早急な法整備が急務となろう。

また、詐欺的定期購入の広告の中には、制限時間を定めているような広告表示を行い、購入を煽るものもある。このような表示についても一定の規制の必要性があるのではないだろうか。

通信販売における主たる手段がインターネットを通じた申込みになっており、また、その申込みの内容もワンクリック、ワンタッチという容易な状況になっている現代と、特定商取引法が制定された頃、すなわちテレビや電話での申込みが中心的だった過去とでは、「通信販売」という取引の意味合いが大きく様変わりしていることは明らかである。同法における「通信販売」の規制がすでに「時代遅れ」となっているものとして、抜本的な改正が求められる。

特にターゲティング広告による被害であれば、消費者が「勧誘」を受けたものと同視し、クーリング・オフを行使できる取引類型として、規制の対象とされるべきであると考えるのは自然な発想であろうし、また、栗原論文も指摘するように、「通信販売」全体についても、クーリング・オフによる契約の撤回を認めること自体、理論的に問題はないとする見解からすれば、「通信販売」にクーリング・オフ制度を導入することに正当性もありうるように思われる。

---

(2) 消費者庁「アフィリエイト広告等に関する検討会報告書」65頁以下参照。

5　リフォーム工事請負契約等と説明義務──水回り「レスキュー商法」の問題を念頭に

東北学院大学法学部准教授　**羽田さゆり**

本稿の概要

✓　水回り工事など「暮らしのレスキューサービス」請負契約では、業法関連規制を活用しにくく、違法で杜撰な工事や高額請求が横行している。

✓　債務不履行等による契約の解消、瑕疵担保ないし契約不適合責任の追及をなしうるが、不出来な請負人に原状回復や追完を担わせない方向での解釈の工夫が求められる。また、書面を交付しない業者には、説明義務違反等の面で法的に不利益な評価を行うべきである。

✓　自宅の修理のため事業者に自宅への来訪を求めた場合でも、クーリング・オフを活用することが可能である。

1　はじめに

(1)　いわゆる「レスキュー商法」の被害

「レスキュー商法」とは、「暮らしのレスキューサービス」、すなわち消費者の「暮らしの緊急事態」に事業者が対応する業態のサービスにおいて、高額な料金を請求する等の悪質商法のことをいう。ここでいう「暮らしの緊急事態」としては、トイレの修理、水漏れ・排管等の詰まりの修理、冷暖房設備など住宅設備の故障がまず想定されるが、車の鍵の修理・交換や害虫・害獣の駆除なども含まれる。事業者が消費者の自宅等に訪問して対処するのが

特徴である。特に、トイレや水道などの水回り工事契約について近時「レスキュー商法」の被害が目立ち、社会的に注目を集めるに至っている。

　PIO-NETによれば、近年、「暮らしのレスキューサービス」の相談件数は全国的に増加傾向が続いており、国民生活センターが2018年12月以降、数次の注意喚起を行った後も、特に2020年から2021年にかけて、件数が急増している。また、相談件数のうちインターネット上の広告（電子広告）がかかわる割合が、2016年度の19.2％から年々上昇しており、2021年8月末までの割合は48.1％を占めている。つまり、「レスキュー商法」被害の典型例は、「暮らしの緊急事態」により生活の平穏を害された状態に陥り、安い料金を表示するインターネット広告がきっかけで事業者に役務提供を依頼したが、実際の請求額がかけ離れた金額になる、というものである。また、作業が杜撰・不必要な作業がなされるといった、サービス内容に問題がある場合もあるという。

(2)　請負契約・消費者契約上の問題

　前記のとおり、不意打ち的な事態の発生により商議の余裕なく契約を急いでしまう点がレスキュー商法におけるトラブルの出発点であるが、その先には、レスキュー商法で締結される契約の多くが請負契約の性質を有することにまつわる問題も存在しているように思われる。

　請負契約は一般に、契約内容に不確実な部分がある。完成されるべき仕事

---

(1)　国民生活センター「水漏れ修理、解錠など『暮らしのレスキューサービス』でのトラブルにご注意」（2018年12月20日報道発表用資料）〈https://www.kokusen.go.jp/news/data/n-20181220_1.html〉、政府広報オンライン「水漏れ、解錠、トイレ修理…緊急時の駆け付けサービスのトラブルにご注意！」（2019年6月13日（2023年3月30日更新）〈https://www.gov-online.go.jp/useful/article/201906/1.html〉、国民生活センター「慌てないで！　トイレ修理で思わぬ高額請求」（2020年5月12日メールマガジン）〈https://www.kokusen.go.jp/mimamori/mj_mailmag/mj-shinsen364.html〉、国民生活センター「水回り修理『950円〜』のはずが…数十万円の高額請求に！——水回り修理、解錠、害虫駆除などの緊急対応で事業者とトラブルにならないためには？」（2021年10月7日公表）〈https://www.kokusen.go.jp/pdf/n-20211007_2.pdf〉。
(2)　国民生活センター・前掲注(1)「水回り修理「950円〜」のはずが…数十万円の高額請求に！」。

の内容があいまいであったり、仕事の対象の元の状態や履行中に生じた事情により、仕事に要する期間や費用の変動が生じうるからである。そのため価格決定の幅がかなり広い可能性がある。結果、契約当事者間において、仕事に関するイメージの齟齬や価格の妥当性に関する紛争が生じやすい。

また請負契約においては、有形無形の仕事の結果が、注文者の身体や注文者の暮らす住居など注文者が容易に手放し得ないものに生じたとき、不適切な仕事の修補や原状回復が注文者にとっても特に大きな負担となりうる。レスキュー商法は、こういった請負契約の役務の性質にも依拠して成立しているといえるだろう。

契約内容の不確実さの問題は、消費者を注文者とする場合には、業者の説明義務の範囲や程度の問題にもなるし、認識の齟齬に基づき消費者取消権などを根拠とする契約の解消も検討対象となってくる。

⑶　本稿の課題

そこで本稿ではまず、レスキュー商法の内容として典型的なものである、住宅設備の修理やリフォームを内容とする請負契約に関する法規制や裁判例を概観し、請負契約にまつわる問題や業者の説明義務一般や消費者契約としての問題について検討を行う。次いで、いわゆる点検商法や水回りのトラブルを念頭に、特定商取引法関連の問題について考察することとする。

2　住宅修理・リフォーム請負契約

⑴　住宅修理・リフォーム契約に関する消費者被害の概況

PIO-NETに収集された「工事・建築・加工」（不動産の請負工事、動産の加工請負）に関する消費生活相談件数は、2016年から2022年まで２万2507件〜２万9703件で推移しており、消費生活相談件数全体の３％程度を占める。[3]

---

(3)　消費者庁「令和３年消費者白書」252頁、同「令和４年消費者白書」212頁、同「令和５年度消費者白書」21頁。

相談件数全体の中では突出していないが、被害額が高額になりやすいのが特徴である。2020年度消費生活相談における平均既支払額は80.1万円であった。これは商品・サービス別で最高額である。[(4)]

　被害が幅広い年代に広がっている点もこの分野の消費者被害の特徴といえる。「工事・建築」の相談件数は、30歳代以上のすべての年齢層において、上位5位以内にランクインしている。高齢になるほど相談数が上位になっており、70歳代・80歳代においては「商品一般」に次ぐ2位を占めている。[(5)] 2010年のナビダイヤル導入以降、住宅リフォーム・紛争処理支援センターへの住宅リフォームに関する相談件数が増加しており、そのうち訪問販売に関する相談は8％〜10％程度で推移している。[(6)] これによれば、「レスキュー商法」など特定商取引法関連事案以外にも、多くの紛争が生じていることがわかる。

⑵　住宅修理・リフォーム契約に関する法規制

⒜　業法関連規制

　住宅リフォーム一般については、建築関係法規制による許可・資格制限・検査制度等が整備されている。[(7)] すなわち、建設業法により、建設業は基本的に許可制となっており（同法3条）、主任技術者・監理技術者の設置（同法26条）や書面交付義務（同法19条）等が課され、違反行為は行政処分の対象とされている（同法28条等）。ただし、同法19条による書面交付義務違反には罰則規定がないことに留意が必要である。

　建築士についても建築士法により、一級建築士・二級建築士および木造建築士でなければ設計または工事監理ができないものとして、建築物の質の確

---

(4)　消費者庁「令和3年消費者白書」20頁。
(5)　消費者庁「令和5年度消費者白書」22頁、67頁。
(6)　公益財団法人住宅リフォーム・紛争処理支援センター『住宅相談統計年報2022──2021年度の住宅相談と紛争処理の集計・分析』（2022年9月）〈https://www.chord.or.jp/documents/tokei/pdf/soudan_web2022.pdf〉。
(7)　消費者委員会「住宅リフォームに関する消費者問題への取組についての実態調査報告」（2011年）〈https://www.cao.go.jp/consumer/doc/20110826_houkoku1a.pdf〉を参考にした。

保に努めている（同法3条、3条の2、3条の3）。建築基準法にいう建築確
認制度（同法6条）は、工事着手前に建築計画の法令適合性を検査すること
により、建築物の性能確保をめざすものとなっている。

　さらに、住宅リフォームにおける消費者支援の観点から、国土交通省や地
方自治体が消費者を保護・支援する制度を設けている。まず2014年（平成26
年）、国土交通省告示により、住宅リフォーム事業者団体登録制度が創設さ
れた。この制度のもと、登録事業者に対して教育研修を行い、構成員事業者
に書面交付や保険加入を促し、トラブル相談窓口を設けて消費者相談に対応
している。この住宅リフォーム事業者団体登録制度に紐づけられた制度が、
リフォーム瑕疵保険である。これは、消費者がリフォーム事業者を保険法人
に登録された事業者から選定し、保険加入を依頼することにより利用できる
もので、施工中や工事完了後に第三者検査員による現場検査が行われ、瑕疵
が発見された場合には補修費用等の保険金が支払われることにより無償で補
修を受けることができる。

　修理・リフォームの内容が給水管の配管にわたる場合には、さらに、水道
法による規制の対象ともなる。水道法は、給水装置の工事については「指定
給水装置工事事業者」に依頼しなければならないものとしている（同法16条
の2）。事業者がこの指定を受けるには、国家資格である「給水装置工事主任
技術者」を配置し、機械器具を所有し、かつ水道法違反等のないことが要件
となる（同法25条の3）。同様に、排水設備の配管にわたる場合には、各地の「下
水道条例」による規制がある。水道の場合と同様、「排水設備工事責任技術者」
を擁した「排水設備指定工事店」による工事が必要となるが、「排水設備工事
責任技術者」の資格は民間資格となっている点が水道の場合と異なっている。

(B)　小規模工事における問題

　ただし、上に記した、許可・資格制限・検査制度・保険等による消費者保
護のしくみは、小規模工事においては活用しにくい。請負代金500万円未満

---

(8)　一般社団法人住宅リフォーム推進協議会「住宅リフォーム事業者団体登録制度」
　〈https://www.j-reform.com/reform-dantai/〉。
(9)　国土交通省「リフォームかし保険について」〈https://www.mlit.go.jp/jutakukentiku/
　jutaku-kentiku.files/kashitanpocorner/consumer/reform_insurance.html〉。

の場合、建設業の許可は不要であるし（建設業法3条、同施行令1条の2）、建築士の関与や建築確認も、相当大きなリフォームでなければ不要である（建築士法3条・3条の2・3条の3、建築基準法6条を参照）。リフォーム瑕疵保険の保険料と検査費用の合計額は最低でも3万円台であるから、低額な代金額が見込まれる場合には利用されない可能性が高い。結果、事業者の書面交付義務が果たされにくくなることにもつながる。

　加えて水回り工事の場合、指定事業者によって生じるトラブルに加えて、指定事業者以外の事業者によるトラブルも存在しうる。緊急事態に動転して、消費者が指定事業者の確認を失念したり、指定事業者と連絡がとれず、早く連絡がとれることを優先して契約を締結してしまう場合もあるという。この場合には、指定事業者制度の趣旨が活かされず、技術力に不安のある業者による、法令を遵守しない杜撰な工事がなされるおそれがより大きくなる。

(3)　住宅設備修繕工事請負契約に関する裁判例

　以下では、住宅設備の修理・リフォームの工事請負契約において、仕事の完成や瑕疵が問題となった民事裁判例を概観する。裁判例はあまり多くなく、データベースに登場する頻度が上がるのは2005年以降である。上記にいう小規模工事ではないものが多く、したがって建築士などが絡む事例も存在する。

　なお、2017年債権法改正により、請負人の担保責任などの重要なルールが変更されたところであるが、ほとんどの裁判例は旧法が適用される事案で

---

(10)　のちに紹介する、特定商取引法違反により業務停止命令を受けた業者は、処分当時において指定給水装置工事事業者であったようである。

(11)　公益社団法人日本水道協会「給水装置の構造材質及び指定給水装置工事事業者制度に関する調査検討業務報告書——指定給水装置工事事業者制度編」（2016年）〈https://www.mhlw.go.jp/file/06-Seisakujouhou-10900000-Kenkoukyoku/0000121415.pdf〉11頁によれば、2015年の調査時点において、修繕対応可能な指定工事事業者の情報提供は4.4%であるなど、水道利用者にとって必要と考えられる情報提供の不足が指摘されていた。

(12)　検討対象外である新築事案も多数含む検索の精度でも、1700件弱であった。

ある。

(A)　仕事の完成と瑕疵

　完成されるべき仕事の内容につき契約当事者間で齟齬があり、仕事は未完成か、それとも完成したが瑕疵が存在する状態にあるのかが問題となることがある。請負人からの請負代金支払請求に対して、注文者が、仕事未完成ゆえ請負代金債権はまだ発生していないと主張するのが典型的な争われ方である。

　これについては、「工事が途中で廃せられ予定された最後の工程を終えない場合は工事の未完成に当るものでそれ自体は仕事の目的物のかしには該当せず、工事が予定された最後の工程まで一応終了し、ただそれが不完全なため補修を加えなければ完全なものとはならないという場合には仕事は完成したが仕事の目的物にかしがあるときに該当するものと解すべきである」とする裁判例があり[13]、住宅リフォーム請負についても同じ見解が採用されている[14]。すなわち、予定された工程を終えたかどうかで、仕事の未完成と完成した瑕疵ある仕事とを基本的に区別する[15]。

　そして予定された工程の内容については、主に、民間（七会）連合協定工事請負契約約款の「工事の図面、仕様書」「詳細図、現寸図」などの書類を精査することにより確定されるが、請負価格や口頭のやりとりをも基礎として判断することもある[16]。

(B)　債務不履行に基づく解除

　2017年改正前民法のもとでは現634条のような割合的報酬の定めが存在しなかった。それゆえ、社会経済的損失という観点から、特に建物建築請負に

[13]　東京高判昭和36・12・20判時295号28頁。
[14]　たとえば、東京地判平成26・5・16（LEX/DB文献番号25519601）。
[15]　ただし、民法および当該契約の解釈を根拠に、予定された工程の終了のみならず、契約約款所定の工事完了検査や完成確認書の提出等の後に残代金の請求が可能とした裁判例がある（東京地判令和3・1・13（LEX/DB文献番号25587555））。
[16]　たとえば、東京地判平成27・7・9（LEX/DB文献番号25531270）は、防音工事の事案であるが、注文者から工事中に夜間もピアノ演奏をすることができるようにしてほしいと希望が出されていたことをも考慮に入れて契約内容として要求される遮音性能を高いものと判断し、また予算上の制約に鑑みて換気設備は含まれていないものと判断した。

107

において、工事未完成を理由とする契約解除の認められる範囲を限定するべきではないかが問題とされた。そして、工事内容が可分であり、かつ、当事者が既施工部分の給付について利益を有するときは、特段の事情のない限り、右部分についての契約を解除することはでき[17]ず、請負契約が請負人の責に帰すべき事由により中途で終了した場合において、残工事の施工に要した費用として、注文者が請負人に賠償を請求することができるのは、右費用のうち、未施工部分に相当する請負代金額を超える部分に限られ[18]る、という判例が登場した。住宅設備の修理・リフォームの場合についても、多くはこの判例と同様の判断をしている。

　他方、住宅リフォームの事案において、構造上の安全性に欠け、建築基準法所定の構造強度を大きく下回る危険な建物となっており、全体としても杜撰な工事となっており、工事に加えられた補強も含めて、既施工部分の給付に関して注文者に利益があるということができないときには、請負契約は全部解除が認められるとし、解体工事費用、再築工事費用、調査費用、慰謝料、弁護士費用の賠償を認容した裁判例が登場し[19]た。その後、中途解約の事案であるが、同様に構造上の安全性に欠けることを理由に全部解除を認めるものがあ[20]る。

⒞　瑕疵担保責任ないし契約不適合責任の追及

　住宅設備の修繕・リフォーム請負契約に関し、瑕疵修補請求（旧民634条1項）ないし追完請求（民法562条）が問題となった裁判例は少ない。旧法下の、主に工事すべき範囲が争われた事案において、瑕疵修補請求を認容したも[21]のと却下したものとが存在する程度のようであ[22]る。訴訟に至る前に補修が行

⒄　最判昭和56・2・17判時996号61頁。
⒅　最判昭和60・5・17判時1168号58頁。
⒆　大阪地判平成17・10・25消費者法ニュース66号131頁。
⒇　東京地判平成24・1・26（LEX/DB文献番号25491154）。
㉑　東京地判平成27・6・24（LEX/DB文献番号25530505）は、請負人の残代金支払請求に対して未完成を主張しこれを拒んだ事案である。裁判所は完成したが瑕疵があると評価して、瑕疵修補と引換えに残代金の支払いを命じた。
㉒　東京地判令和3・11・2（LEX/DB文献番号25603443）は、請求の趣旨が特定されていないとして瑕疵修補請求を却下した。

われている事案が多くみられたが、訴訟における請求内容としては、ほとんどが瑕疵修補を求めるものではなく、瑕疵修補に代わる損害賠償請求となっている。

　旧制度では、瑕疵修補請求とともに損害賠償請求をするのか、瑕疵修補に代わる損害賠償請求をするのかを注文者が選択することができるしくみであった（旧民634条2項）。訴訟段階ではすでに信頼関係が損なわれ、修補ではなく賠償を求めるようになることが多いのではないかと思われる。

(D)　説明義務違反に基づく損害賠償責任

　住宅設備の修繕・リフォーム請負人や設計監理者などの説明義務違反により損害を被ったとして、債務不履行または不法行為に基づき損害賠償請求をする事案がある。

　その際、説明義務の有無および内容は「建物の状況、改修を希望するに至った当事者の意思、動機及び目的などの個別具体的な事情をもとに……判断」され、建築基準関係法令の適合性に関するすべての事項についての説明義務を負うとは、直ちには解されない。[23]

　書類の記載内容は説明の有無の重要な手がかりとなるが、それにとどまらず、個別具体的な状況に応じて求める説明の水準は異なる。たとえば、顧客の志向・都合をやや先取りして説明することを求めるものもあれば[24]、そこまでの説明義務を否定するものもある。[25]

(E)　契約の無効・取消し

消費者契約としての問題性に着目して、請負契約の公序良俗違反による無効

---

[23]　東京地判令和元・10・11（LEX/DB文献番号25582698）。

[24]　東京地判平成26・5・23（LEX/DB文献番号25519602）は、高級志向の施工内容の請負契約につき、顧客の保有自動車の買替え予定の有無について確認する義務（契約後、地下駐車場の施工前に顧客がより大型の車に買い換えた）や、顧客の嗜好に照らし、より大きな（より高価な）浴槽タイプの給湯器の利用も選択肢として提示し、その利害得失を説明すべき義務を肯定した。

[25]　東京地判平成27・3・27（LEX/DB文献番号25525053）は、「開口部にこだわる建築家」による設計監理の内容が争われた事案であるが、窓のあごの設計について、顧客からの明示的な要望がないこと、実施設計図から容易に読み取れること、機能面に影響があるわけではなく一般の施主がこだわりをもつ箇所ではないことから、設計監理者による口頭での説明義務を否定した。

や、クーリング・オフ、消費者契約法に基づく取消権となるかを問う裁判例もみられる。以下で紹介しよう。

(a) 公序良俗違反による無効 (民法90条)

　工事内容が耐震性等に関する建築基準法所定の基準に満たないものであった場合において、「本件工事は、同請負契約締結当時、構造耐力上既存不適格である建物のリフォームを内容とするものであるから、建築基準法令上、これが増築等に当たり、同工事後の耐震水準が建築基準法所定の水準を満たしていなかったとしても、同工事によって構造耐力上の危険性が増大したと認められない限り法令違反の問題が生じないこと、建設業法19条所定の書面作成義務は、これに違反する契約の私法上の効力を否定するものとは解されない」とし、「書面作成義務違反が仮にあったとしても」公序良俗違反性を否定する裁判例がある。[26]

(b) 不実告知による取消し (消費者契約法4条1項)

　床下換気扇等の購入・設置・床下消毒の契約において、「本件建物への本件商品設置の必要性及び相当性に関する重要事項について、事実と異なることを告げ、原告は、被告……の販売担当者から告げられた内容が事実であると誤信して、本件売買契約の承諾をしたものと認められる」として、消費者契約法4条1項(不実告知)による取消しを認めたものがある。[27]

(c) 不利益事実の不告知による取消し (消費者契約法4条2項)

　床下補強工事請負契約において、利益告知(消費者の利益になる旨を告げること)を特に認定せず、「耐震や揺れ防止工事としては有効でない本件工事代金の立替払いに使用されるという不利益事実を告げないで本件ローン契約を締結したことになる」として、取消しを肯定した裁判例がある[28]一方、「たとえ耐震診断等が本件請負契約の内容に入っていないという事実が消費者にとって不利益となる事実であると解する余地があるとしても、同項にいう『ある重要事項又は当該重要事項に関連する事項について当該消費者の利益となる旨』を原告が告げたかどうかについて何ら主張がないから(被告のその他の

---

(26)　東京地判平成24・2・15 (LEX/DB文献番号25491965)。

(27)　東京地判平成17・3・10 (LEX/DB文献番号25463934)。

(28)　小林簡判平成18・3・22消費者ニュース69号188頁。

主張からも上記『ある重要事項』に当たる事実が何かをうかがうことができない。）」
として、利益告知の要件を満たさないことを理由に取消しを否定する裁判例
もある。[29]

(d)　その他

太陽光発電システムの設置について、オール電化機器類をサービスで提供
できること、設置により月1万3200円光熱費が減少すること、食洗器によ
り月3000円の水道代の節約が見込まれることを告げ、本件工事価格が平均
価格の約2倍で最高価格に近い金額であることを告げなかったという事実を
認定して、「消費者契約法4条1項、同2項、特定商取引に関する法律9条
の2に各所定の取消事由があるというべきである」としたものがある。[30]

(4)　検　討

(A)　仕事未完成に基づく契約解除の範囲と効果

上述のように、裁判例は、予定された工程を終えたかどうかで、仕事の未
完成と完成した瑕疵ある仕事とを基本的に区別し、仕事未完成とされる場合
には債務不履行に基づく契約解除を認める。建築請負契約の工事内容は可分
のものと考えられ、その解除は原則として未施工部分のみの一部解除であり、
例外として既履行部分によって注文者が利益を受けないときは、既履行部分
を含めた全部解除を認める。改正民法634条における解除の範囲と同様の判
断をしているといえる。そして、本条により請負人が既履行部分の割合に応
じた報酬を請求することを認めない場合、すなわち既履行部分の給付によっ
て注文者が利益を受けない場合に関する、住宅設備修理・リフォーム工事請
負契約における一例が、既履行部分が構造上の安全性を欠く場合である、と
いうことができる。

かかる立場によれば、価値のある既履行部分を原状回復により撤去するこ
との社会経済的不利益を回避することができるが、他方で、仕事完成前でも
請負人に「報酬」の一部を得させることとなる。改正民法634条の文言に「報

---

(29)　前掲注(26)・東京地判平成24・2・15。
(30)　神戸地裁姫路支判平成18・12・28（LEX/DB文献番号25437500）。

酬」とあるからには、予定されている工程をまだ終えていない段階であって
も、工事にかけた費用のみならず利益分まで一部でも取得できると考えられ
るが、そこまで請負人の期待が保護に値するかは一考を要するのではないだ
ろうか。もっとも、少なくとも本稿が念頭に置いているような悪質な業者
については、説明義務違反等に基づく損害賠償請求によって業者の得る利益
を調整することが可能である（後述(C)、(D)）。

　また、既履行部分が構造上の安全性を欠く場合のような、注文者が利益を
受けない場合、全部解除による原状回復の内容として請負人に仕事の除去を
負担させることには一定の需要があるともいえるが、契約解除に至るまでの
間に当事者の信頼関係が損なわれた場合を想定すると、注文者が請負人以外
に撤去作業をさせる費用を請負人に請求するという方法がむしろより一般的
であってもよいのではないかとも考えられる。少なくとも、本稿が主な対
象としている住宅設備の修理・リフォーム工事や「レスキュー商法」において、
技術力に不安のある業者による杜撰な工事が問題となっているという現状に
鑑みると、そのほうが事案に適合的な解決となる可能性があるだろう。

(B)　瑕疵修補（追完）請求と瑕疵修補（追完）に代わる損害賠償の関係

　瑕疵担保責任を追及する旧法下の裁判例においては、瑕疵修補請求はかな
り少なく、ほとんどが瑕疵修補に代わる損害賠償請求であった。しかし2017
年債権法改正により、請負契約の瑕疵担保責任に関する旧民法634条は削除
され、契約不適合責任に関する規定が準用されることとなった。契約不適合
責任では代金減額請求権に先立って追完請求権を優先するしくみとなってい
るため（民法563条1項、562条1項本文を参照）、今後は請負においても、原則

---

(31)　平野裕之「請負契約における債務の一部不履行と契約解除」慶應法学25号（2013年）
　　163頁。平野教授は解決策として、①既履行部分の解除を認めず損害賠償で清算する、
　　②既履行部分により注文者が受ける利益の限度で報酬債権を存続させるよう解除の効
　　力を制限する、③全部解除を認めつつ原状回復義務を否定し、附合の法理により、利
　　益の限度で請負人に償金請求権を認める、という3案を提示される。
(32)　藤澤治奈「請負契約の解除と報酬請求権」法時1131号（2018年）133頁は、建物建築
　　請負契約の解除に伴う原状回復の内容に、建築途中の建物の撤去が含まれるかについ
　　て検討が必要だとする。

として、追完請求権が追完に代わる損害賠償請求権に優先するとする見解がある[33]。

　上述のとおり、訴訟に至る前に追完請求がなされている場合が多くみられるが、本稿の問題関心にある、技術力に不安のある業者による施工の場合を念頭に置くと、追完の催告をしなくても追完に代わる損害賠償請求ができる余地を、民法563条2項よりもう少し広く認めたほうがよいのではないかと考える[34]。既履行の給付によって利益を受けていない部分について契約を一部任意解除して（同法641条）、同法634条に基づき割合的報酬を支払うことにより、注文者が請負人からの追完を逃れるという方法も考えられる[36]。

ⓒ　住宅設備修理・リフォーム工事請負契約における説明義務

　説明義務違反の有無については、事案の個別具体的な状況に応じて異なる点はあるものの、基本的に、契約書類の記載内容が重要な手がかりとなる。したがって、勧誘などに問題がない限りは、図面どおりの施工であれば説明義務違反は認定されにくいといえる。

　平常時においては、要望を工事計画立案中に十分に伝えることができるうえ、実勢価格など工事価格や工事内容の妥当性に関する情報を、上述した消費者支援制度の利用や相見積りによって取得可能である。さらに大規模工事の場合には書面交付の励行も相当程度期待されるうえ、建築士等の関与もあるため、相当程度契約内容の適正化を図ることができる。

(33)　森田修「請負・寄託」判時2423号（2019年）132頁など。

(34)　同旨、千葉恵美子「請負契約について学ぶ（基礎編）——建設請負契約における契約不適合の事例を通じて」法学セミナー800号（2021年）88頁。筆者としてはたとえば、563条2項4号にいう「前三号に掲げる場合のほか、買主が前項の催告をしても履行の追完を受ける見込みがないことが明らかであるとき」の解釈として、「請負人の技術力不足や信頼関係の破壊により、債務の本旨に従った適切な追完を受ける見込みがないことが明らかなとき」を含ましめることを考えているところである。

(35)　鎌田薫＝潮見佳男＝渡辺達徳編『新基本法コンメンタール　債権2』（日本評論社、2020年）253頁〔坂口甲〕。

(36)　かかる手法によって追完を逃れた場合において、問題のある請負人が民法641条に基づき注文者に対して損害賠償を請求した場合には、同法418条の類推適用により、損害賠償額を減額することが考えられる（同様の処理を認めた裁判例として、東京地判平成16・3・10判タ1211号129頁、東京高判平成18・12・26判タ1285号165頁がある）。

　他方、小規模工事や緊急事態においては説明不十分の問題に直面しやすくなる。この点、請負契約における情報の非対称性や、複雑な仕事内容に鑑みて、図面などの書類がない場合や不十分な場合において、業法規制が及ばない小規模工事であっても、仕事完成ないし瑕疵の判断や説明義務違反の認定において、民事効の面で業者に不利益な評価を行うことが一般的に考えられてよいのではないだろうか。住宅設備修理・リフォーム工事に対し、規模にかかわらず広く書類交付を義務づける方向での規制が実現することが望まれる。⁽³⁷⁾

⒟　特に価格に関する説明義務、および消費者取消権

　完成されるべき仕事の内容があいまいであり、価格決定の幅が広くなりうる住宅修理・修繕等請負契約において、請負価格に関する契約当事者の認識の齟齬は非常に難しい問題である。特に公序良俗違反（暴利行為）による無効の客観的要件（対価の不均衡）への該当性を主張立証することはかなり困難である。ただ、業者に他業者による工事価格の相場を説明すべき義務を一般的に課すことは相当ではないものの、相見積価格によってある程度の「一般市場価格」を想定することは可能である。特に自社のサービスの価格的優位性を強調した場合については、「一般市場価格」の不適切な表示をもって、消費者契約法上の不実告知等の問題にはなりうると考えられる。⁽³⁸⁾

　他方、特殊技能による特殊工程・特殊素材を使用する場合には「一般市場価格」を想定しにくい。しかし高額取引の場合には、それに見合う細やかな説明義務を認定し、その義務違反により損害賠償請求を認める余地がある。⁽³⁹⁾　また、工事による光熱水道費等の節約効果をうたう場合がしばしばあるが、これを利益告知とみて、設置にかかる経費が一般市場価格をかなり超

---

(37)　日本弁護士連合会「リフォーム被害の予防と救済に関する意見書」(2011年)〈https://www.nichibenren.or.jp/library/ja/opinion/report/data/110415_3.pdf〉が提案するところである。

(38)　大阪高判平成16・4・22消費者法ニュース60号156頁は、ファッションリングの売買契約の事案において、「一般的な小売価格は、消費者契約法4条4項1号に掲げる事項（物品の質ないしその他の内容）に当たり、かつ、消費者が当該契約を締結するか否かについての判断に通常影響を及ぼすべきものであるから、同法同条1項1号の重要事項というべきである」として、消費者契約法4条1項（不実告知）による取消しを認めた。

(39)　東京地判平成26・5・23 (LEX/DB文献番号25519602)。

えていることや、節約効果を減殺する、または逆に出費超過であると評価できることを不利益事実として、故意の事実不告知による取消しが考えられる。

(E) 契約無効・取消しの場合における原状回復（現存利益返還）関係

契約が無効ないし取り消された場合においても、契約が解除された場合と同様に、原状回復（現存利益返還）の問題が生じうる。前記(A)で述べたように、仕事未完成の場合は民法634条により原則として一部解除となり、既履行部分の撤去の問題は基本的に生じない。また、既履行部分が構造上の安全性を欠く場合のような、注文者が利益を受けない場合の「全部解除」については、既履行部分を撤去すること、ないし撤去費用を請求することに社会経済上の問題は少ない。問題は、契約の無効・取消しの場合である。

まず、「請負人によって提供された役務の客観的価値が注文者の支払った対価とほぼ同額であるとして、両返還債務の相殺により、清算の必要性がなくなる」と解すことは妥当か。これについては、役務の客観的価値と対価がほぼ同額になるのは、その対価が社会的に相当な額である限りにおいてであるから、「対価の社会的相当性」の立証責任を業者側に転換し、清算を行わせる可能性を広げることが考えられる。前記(D)で述べたような、業者が価格優位性を強調して勧誘を行った場合や、価格に問題のある悪質な契約の場合においては、より妥当な解決を図ることができるであろう。

次に、役務により注文者が得たとされる使用利益の返還を必要とするか。消費者契約法に基づく取消しであることをもって、直ちに消費者による使用利益の返還を否定することまでは正当化しがたい。「建物に重大な瑕疵があり建物を建て替えざるを得ない場合において、当該瑕疵が構造耐力上の安全

(40) 神戸地裁姫路支判平成18・12・28（LEX/DB文献番号25437500）。
(41) 取消し可能性について善意の消費者であり返還義務が現存利益に縮減されていたとしても（消費者契約法6条の2）、利得が現存していると解される限りにおいては同様の主張がなされうる。
(42) 消費者庁消費者制度課編『逐条解説消費者契約法〔第4版〕』（商事法務、2019年）150頁。
(43) 角田美穂子「特定商取引法上の取消の効果について——住宅リフォーム被害を例に」横浜国際経済法学14巻3号（2006年）66頁。

性にかかわるものであるため建物が倒壊する具体的なおそれがあるなど、社会通念上、建物自体が社会経済的な価値を有しないと評価すべきものである」といえる場合には、建物使用利益の控除は不要とするのが判例である[45]。これにあたらない事案であっても、個々具体的な取引の事情を精査することにより、不当勧誘等による「押し付け利得」と評価できることや、書類交付義務などの公法的規制等に違反する請負人の業態を理由に、不法原因給付についての民法708条の趣旨に照らし、使用利益の返還を否定することが考えられる[46]。

---

(44) 大阪地判令和3・1・29（LEX/DB文献番号25571386）は、軽自動車売買契約の事例においてであるが、消費者契約法に基づく取消しの効果について下記のとおり判示した。

　「消費者契約法に基づく取消しの効果については、同法の規定によるほかは、民法等の規定に委ねたものと解される。そうすると、使用利益の返還については、消費者契約法に特段の定めがないことからすると、民法の不当利得制度の規定によって解釈すべきであって、消費者契約法に基づく取消しであることをもって、直ちに消費者による使用利益の返還を否定することは妥当ではない。

　また、売買契約の目的物の給付を受けた者は、目的物の使用を受ける利益を享受しているのであるから、売買契約の意思表示が、後に消費者契約法上の取消事由に該当するものとして取り消された場合であっても、そのこと自体によって、一律に、客観的に発生している使用利益の返還を信義則上否定すべきとまではいえないことから、使用利益の返還を認めることが違法行為を助長するとの原告らの主張を採用することはできない。

　このことは、平成28年法律第61条による改正後の消費者契約法6条の2において、取消権を行使した消費者の返還義務として、意思表示を取り消すことができることを知らずに事業者から給付を受けていた場合には、『当該消費者契約によって現に利益を受けている限度において、返還の義務を負う』ものとされたことからも明らかである。すなわち、同条は、消費者契約法による取消しの効力として、現存利益のみの返還義務を負うこととしたことによって消費者保護を図ったものであり、使用利益の返還までも否定したものではないからである」。

(45) 建物の新築に関する事案であるが、最判平成22・6・17民集64巻4号1197頁。

(46) 丸山絵美子「消費者契約における取消権と不当利得法理(1)」筑波ロー・ジャーナル創刊号（2007年）134頁。

3　特定商取引法の適用が問題となる場合

⑴　点検商法と評価される場合

　点検などと称して業者が消費者の自宅等を訪れ、消費者の不安をあおる等の手段を用いてリフォーム等の契約を締結した場合（点検商法）、その契約手法は特定商取引法にいう訪問販売にあたることとなり、クーリング・オフ（同法9条）の適用がありうる。

　住宅設備修理・リフォーム工事請負契約に属する事案においては、契約締結後に相当の期間が経ってから、法定書面の不備を理由に顧客がクーリング・オフをしたところ、請負人がクーリング・オフの成否を争い、民法641条（注文者による契約の解除）に基づく損害賠償請求をしたという事例がある。かかる事例において、裁判例は下記のとおり、クーリング・オフの主張を認め、請負人による損害賠償請求を否定している（裁判例1および2の第1審）。

　裁判例は法定書面の要件充足を厳格に判断しており（裁判例3）、法定書面そのものや、見積書・確認書など「別紙」の記載について詳細な記載を要求し、口頭説明によって補われれば足りると解するのは相当ではないとしている（裁判例2の控訴審）。

　以上より、点検商法におけるクーリング・オフが問題となる事案の解決は比較的簡明であるといえる。

・裁判例1

　屋根改装工事請負契約について、契約締結後14日・業者の工事着手の翌日になされたクーリング・オフ（法定書類不交付（商品の販売価格や役務の対価等の記載なし）による）により損害を被ったとして、業者が民法641条による損害賠償として工事代金相当額を請求した事案において、顧客の判断能力が通常人より劣っており約款を十分理解する能力があったかどうか疑問であること、業者の従業員も顧客の状態を認識し得たはずであるにもかかわらず十分説明した形跡はうかがわれないこと、顧客

の家族から契約をしばらく待ってほしいといわれたにもかかわらず、家族が帰ってからすぐに本件契約を締結しており、判断力の乏しい老人を狙ったともいえる信義に反した取引方法であること等を総合し、クーリング・オフを認め、請求を棄却したもの。

（東京地判平成7・8・31判タ911号214頁）

・裁判例2

屋根等塗装工事請負契約締結3カ月後・着工後14日でのクーリング・オフについて、「法定書面の記載事項として、特商法4条1号は『商品若しくは権利又は役務の種類』を定めているところ、権利又は役務において『種類』とは、当該権利又は役務が特定できる事項をいい、その内容が複雑な権利又は役務については、その属性に鑑み、記載可能なものをできるだけ詳細に記載する必要があると解される」。

「1つの書面上に記載しきれない場合には『別紙による』旨を記載した上で、別途商品の販売又は役務の提供に関する事項を記載した書面を交付することも認められるが、その場合には、当該書面は、法定書面との一体性が明らかになるような形で、かつ、法定書面と同時に交付する必要があると解するのが相当である」。

塗料除去など原状回復に要する費用の請求は、「被告が原告に対して当該付着した塗料を除去するなど、原状回復に必要な措置を無償で講ずることを請求することはできるものの（特商法9条7項）、当該原状回復に必要な費用の支払を原告に対して求めることは当然にはできない」。

（大阪地判平成30・9・27消費者法ニュース118号257頁）

「特商法5条1項が法定書面の交付を義務付けたのは訪問販売においては、購入者等が取引条件を確認しないまま取引行為をしてしまったり、取引条件が曖昧であったりして、後日、両当事者間の紛争を惹起するおそれがあるからであって、このような後日の紛争防止という同条項の趣旨に照らせば、購入者等に交付された法定書面それ自体によって契約内容等が明らかとなることが必要というべきであり、書面交付時の口頭説明によって補われれば足りると解するのは相当ではない」。

（控訴審・大阪高判平成31・3・14（LEX/DB文献番号25564226））

・裁判例3

　排水管および桝改修工事等を内容とする請負契約について、クーリング・オフにより全既払金返還を認めたもの（なお、契約3〜6日後に工期開始、法定書類不交付（文字の大きさが2.3㎜（8ポイント＝2.811㎜に足りない））により工期終了後に解約の事案）。

（東京地判平成31・4・25（LEX/DB文献番号25559898））

(2)　レスキュー商法の場合

(A)　レスキュー商法が問題となる事案の概要

　これに対して、レスキュー商法は、暮らしの緊急事態に陥った消費者が業者に来訪を求めて工事を依頼するという業態をとるのが一般である。行政処分が行われる事案や[47]、埼玉消費者被害をなくす会による景品表示法30条1項2号（有利誤認表示）に基づく差止請求訴訟も提起されているが[48]、ここでは、紙幅の都合上、ひょうご消費者ネットによる差止請求訴訟の概要のみ紹介し検討を行うこととする。

ひょうご消費者ネットによる差止請求訴訟[49]

　問題の事業者は、上下水道のトラブルに遭った消費者の依頼を受け、消費者宅に見積りに来訪した際、他の部分にも補修の必要性があるなどと申し向け、法外な値段の工事請負契約を締結していた。消費者からの返金要求に対しては、特定商取引法26条6項1号にいう来訪請求をした場合に該当し、クーリング・オフの適用がないなどと主張して、これを拒んでいた。2019年12月26日、下記の内容で和解成立。

---

[47]　消費者庁取引対策課「特定商取引法違反の訪問販売業者に対する業務停止命令（9カ月）および指示並びに当該業者の代表取締役等2名に対する業務停止命令（9カ月）について」（2021年8月31日）〈https://www.caa.go.jp/notice/entry/025489/〉。

[48]　埼玉消費者被害をなくす会による差止請求訴訟の訴状〈http://saitama-higainakusukai.or.jp/topics/pdf/230310_01_03.pdf〉。

[49]　ひょうご消費者ネット「水道工事業者への不実告知等差止請求訴訟について」（2020年1月7日）〈http://hyogo-c-net.com/pdf/200107_minato.kansai_koho.pdf〉。

　「クーリング・オフ（法 9 条）の適用除外となる法26条 6 項 1 号所定の『その住居において売買契約若しくは役務提供契約の申込みをし又は売買契約若しくは役務提供契約を締結することを請求した者』に該当するためには、少なくとも当該消費者において、購入する商品の内容や、提供を受ける役務の内容を認識した上で、契約の申込み又は締結をする意思をあらかじめ有し、その住居において当該契約の申込み又は締結を行いたい旨の明確な意思を表明することが必要となると解される」。

（神戸地裁平成30年(ワ)第1324号不実告知等差止請求事件）

(B)　来訪請求とクーリング・オフに関する見解の対立

　特定商取引法26条 6 項 1 号にいう来訪請求による適用除外は、購入者側に訪問販売の方法によって商品を購入する意思があらかじめ存在しており、また購入者と販売業者との間に取引関係があることが通例であるため、訪問販売による規制を適用する必要がない、というのがその趣旨である。ここにいう「商品を購入する意思」ありとされるにはどの程度の意思であることが要求されるかについて、ひょうご消費者ネットの主張と行政解釈とで見解が分かれている。

　すなわち、ひょうご消費者ネットは、消費者が業者に電話をかけ修理を要請したとしても、現場を確認することなく電話のみで作業内容や価格を決定することはできないので、クーリング・オフ（特商 9 条）の適用除外となる来訪請求にはあたらず、「たとえ台所の水漏れ修理を要請し、その通りの工事が実施されていた場合でも、架電の時点で作業内容や価格が明確に決定されていないのであれば、同様に来訪請求には当たらない」とする。

　これに対して、通達においては、「購入者が、『○○を購入するから来訪されたい』等、『契約の申込み』又は『契約の締結』を明確に表示した場合の他、契約内容の詳細が確定していることを要しないが、購入者が契約の申込み又は締結をする意思をあらかじめ有し、その住居において当該契約の申込み又

---

(50)　「特定商取引に関する法律等の施行について」（現行のものは令和 5 年 4 月21日付け）〈https://www.no-trouble.caa.go.jp/pdf/20230421la02_00.pdf〉。

は締結を行いたい旨の明確な意思表示をした場合、『請求した者』に当たる」
とし、「例えば、消費者が台所の水漏れの修理を要請し、その修理のために
販売業者等が来訪した際に、台所のリフォームを勧誘された場合については
適用除外に当たらないと考えられる」としている。しかし他方で、消費者庁
は「訪問販売等の適用除外に関するQ＆A」において、鍵の修理に関するレ
スキュー商法に関し、チラシの表示額と実際の請求額に相当な開きがある場
合には、「消費者は、当初修理依頼をした段階では、安価なチラシの表示額
で契約を締結する程度の意思しか有しておらず、実際に請求された高額な請
求額で契約を締結する意思は有していなかったことは明らか」であるとして、
適用除外となる来訪請求にあたらないとの解釈も示している[51]。

　つまりひょうご消費者ネットの見解による場合、作業内容や価格を明確に
決定して来訪請求をした場合にのみ適用除外となり、それ以外はクーリング・
オフが広く認められるのに対して、行政解釈による場合は、来訪した販売業
者等から、来訪請求の段階で意図していた取引とは内容の異なる取引の勧誘
をされた場合、および来訪請求の段階で意図していた作業内容と実際の作業
内容が同じであっても、「チラシの表示額と実際の請求額に相当な開きがあ
る場合」にのみクーリング・オフが可能となる。後者も「レスキュー商法」
の場合を念頭に置き、来訪請求をかなり限定的に解釈するものであるが、前
者のほうが一層限定的である。和解内容は前者の見解に沿うものであるから、
これにより、水回りレスキュー商法については、広くクーリング・オフによ
る解決が可能となったということができる。

（C）　検　討

　来訪請求による適用除外が認められる場合、氏名等の明示義務（特商3条）
や再勧誘の禁止（特商3条の2）は適用されるものの、特定商取引法4条およ
び5条に定める法定書面の交付が不要となる。建設業法による書面交付義務
にも罰則がないことの帰結として、契約内容があやふやなままで工事がなさ
れ、トラブルが生じる危険性が高まる。上で繰り返し述べたとおり、住宅設

---

(51)　「訪問販売等の適用除外に関するQ＆A」（2021年8月18日）〈https://www.caa.go.jp/
　　notice/assets/consumer_transaction_cms202_210818_01_2.pdf〉。

備の修繕・リフォーム請負契約において、契約内容を記す書面は、仕事の完成や瑕疵の有無、説明義務の履行などに関する重要な判断要素となるものであるため、消費者保護の観点から、適用除外はより限定的に解釈されることが望ましい。

　ひょうご消費者ネットの見解および和解内容によれば、クーリング・オフを通じて消費者を強力に保護することができるとともに、法定書面を交付する必要が生じて契約内容をめぐる紛争予防にも資する。なお、この理により住宅リフォームおよび「暮らしのレスキューサービス」の多くの場合にクーリング・オフの適用があると考えることができるが、ビデオ通話の利用などにより架電の時点で子細に契約内容や価格を決定し、来訪請求により役務提供が開始されたと解しうる場合が仮にあったとしても、請負契約の性質上、中途で役務内容を変更する必要が生じうる。来訪請求の時点と役務提供内容が変わったといえる限り、「商品を購入する意思」を明確に求めるこの見解のもとでは、クーリング・オフの適用除外にはならないと考えられる。

　ただし、この見解をとると、法定書面を交付しない業者のみならず、きちんと交付した業者についても、役務提供後にクーリング・オフがなされ、工事料金が請求できない（特商9条5項）、無償で原状回復を請求されうる（同条7項）⁽⁵²⁾という事態が生じうる⁽⁵³⁾。クーリング・オフは期間内であれば無理由で可能だからである。業者に来訪が要請される場合には、すでに具体的に故障や不具合が生じており、契約締結後すぐに工事がなされることが一般的であるから、業者に問題がなくてもこのようなクーリング・オフがなされれば、消費者が無負担で工事の結果をそのまま享受できることとなりうる。クーリング・オフという制度はこのような帰結を許容しているといわざるを得ないが、土日祝日24時間で修繕に対応している水回り事業者の負担や、クーリング・オフ期間経過後にしか水回り工事に着工してもらえない場合の不便を考えると、なかなか悩ましいところがある。この点の検討については他日

---

(52) 申込者等は本項にいう原状回復を請求してもしなくてもよいこととなっている。原状回復を請求しなければ、申込者等は無負担で工事の結果をそのまま享受できることになる。

(53) 特定商取引法26条3項・4項、同施行令6条・6条の3による適用除外にあたらない。

を期したい。

---

(54)　大村敦志「指定商品制とクーリング・オフ規定の適用」ジュリ1094号167頁、河上正二「『クーリング・オフ』についての一考察──『時間』という名の後見人」法学60巻6号222頁。東京地判平成6・9・2判時1535号92頁は、住宅リフォーム工事完成後、契約締結から8カ月経過した時点で顧客がクーリング・オフによる解除権を行使したことが権利の濫用にあたらないとした。

▶ ▶ ▶ 実務へのアプローチ ▶ ▶ ▶

弁護士　髙橋　大輔

実務へのQ&A

Q1 　急にトイレが詰まってしまい、インターネットで調べたところ「トイレの詰まり　2500円〜！」という謳い文句が目に入ったことから、自宅に来てくれるようにお願いした。そうしたところ、業者が「便器を取りはずさないと修理ができない。それから便器自体にも不具合があるみたいだ」と言ったあと、修理のために30万円が必要だとして見積り兼契約書を示してきた。トイレが使えないと困ることから、契約し、お金も支払ってしまったが、今考えると納得できない。相手方事業者に何か言えるだろうか。

A

　事業者が営業所等以外の場所で契約の申込みを受けて締結した契約はクーリング・オフが可能であり（特商9条1項）、典型的な訪問販売はこの場合にあたる。

　しかし、消費者が住居で契約の締結を申し込むなどして（特商26条6項1号）、自宅への来訪を要請して契約締結に至った場合については特定商取引法9条1項の適用除外となり、クーリング・オフできないこととなる。

　特定商取引法が訪問販売についてクーリング・オフを定めるのは、訪問販売では消費者が受動的な立場におかれ、締結の意思が不安定なまま契約締結に至るおそれが大きいことによる。

　そのため、特定商取引法26条6項1号で適用除外とされるのは、消費者が契約の申込み、締結をする意思をあらかじめもって、住居においてその明確な意思表示をした場合でなければならない。

　本件ではインターネットで費用として表示されている「2500円〜」と実際の請求額である「30万円」との間に大きな開きがあること、契約の内容について当初「トイレの詰まり」の解消を見込んでいたところ、「便器の取りはずし・修理」までも必要とされたことなどからすれば、自宅に来てくれるよう

お願いした時点では、高額な本件契約を締結する意思はなかったと思われる。

　そうだとすれば、本件契約についてあらかじめ明確な意思表示があったものということはできないから、上記適用除外にあたらず、クーリング・オフによって、支払った代金の返還を請求することが考えられる。

　本件のようなトラブルは請求額との兼ね合いにより、委任を前提として弁護士に法律相談される件数は多くないが、消費生活センターへの相談などでは一定の相談件数がみられるようである。相談に至るケースでは、請求額だけではなく修理自体に問題があり、不具合が完全に改善しない、ないしすぐに不具合が再発するなどの問題が起きているケースもある。

　また、本件のような事例では、一度代金や作業内容を確認したうえで、契約書に署名押印していることから、消費者が被害を受けたという認識を持ちにくいだけでなく、代金返還に費やさなければならない消費者の負担から、被害が顕在化しにくい面がある。

　そのため、事後的な被害回復だけでなく、被害の未然防止が重要である。

　具体的には、消費者自身がこのようなトラブルについて認識しておくだけでなく、信頼できる業者、ないしは、いざというときの対応方法（自治体による業者の紹介、管理会社への相談、保険での対応等）について把握しておくことで、不具合が生じてからインターネットやチラシにのみ頼って業者の選定を行わなくてよい状況をつくっておくことが重要である。

　また、自治体においても指定給水装置工事事業者などの情報を積極的に周知することがこのような被害の未然防止に有効である。

 　そもそも、低価格で修理等ができるような表示についても問題を指摘することはできないのだろうか。

A ————

　景品表示法5条2号は、サービスの価格などについて実際のものよりも消費者に著しく有利だと誤認される表示であって、消費者の合理的な選択を妨げるおそれのあるものと認められる表示を禁止している。

　本件における「トイレの詰まり　2500円〜！」という表示が、同様の金額

による施工の実態を伴わないものであったり、実際には工事費用の多くが大幅に表示金額を上回るものであるような場合には上記の有利誤認表示にあたるものといえる。

しかし、景品表示法 5 条 2 号違反については、内閣総理大臣が措置命令（景表 7 条）や課徴金納付命令（同法 8 条）をすることができるとするのみで、景品表示法はその表示によって誤認した消費者に具体的な権利を定めていない。

そのため、消費者は、措置命令や課徴金納付命令などの対応について、消費者庁ウェブサイトの情報提供フォームなどを通じて景品表示法違反の事実を情報提供し、調査してもらうこととなる。

一方、適格消費者団体については、有利誤認表示等についての差止めを請求することが認められている（景表30条 1 項）ことから、各地の適格消費者団体に対して消費者が情報提供することで、適格消費者団体が業者に対する表示改善の申入れ、差止請求訴訟の端緒となりうる。

本設問のようにトイレの詰まりなど生活に必要不可欠な要素に関するトラブルは、起こってしまうと一刻も早くそのトラブルを解消したいと考えるのが一般であり、それゆえに手近で触れることができるインターネットやチラシの情報から深く検討することなく業者へのアクセスが生じやすい。

また、アクセスしたことで一度訪問されれば、その機会にトラブルを解消したいとの思いから条件面の精査まで思いが至らずに契約してしまう傾向がある。

そのような意味で、本設問のような業者の広告における有利誤認表示は消費者に対する影響が大きいものであり、消費者庁や適格消費者団体への積極的な情報提供が期待される。

6 株式会社防災センターに対する不当条項使用等差止請求事件判決

弁護士 鈴 木 裕 美

本稿の概要

✓ 適格消費者団体消費者市民ネットとうほくが、消火器の設置・使用・点検を内容とする契約を訪問販売によって勧誘・締結させていた事業者に対し提起した不当条項の差止請求訴訟における仙台地判令和3・3・30判時2538号44頁・仙台高判令和3・12・16判時2541号5頁について解説する。

✓ 中途解約した場合代金全額を支払うとの条項（違約金条項）について、地裁判決は消費者契約法9条1号、高裁判決は同法10条を理由に差止めを認め、両判決とも特定商取引法適用契約につき同法違反を理由とする差止めも認めた。

✓ 差止対象となる契約の特定において、高裁判決は、本件事業者が使用している契約内容に限定せず、「消火器の設置・使用ないし保守点検に関する継続的契約」とすることを認めた。

✓ 高裁判決は、地裁判決が請求を棄却した点も含めすべての条項および勧誘行為について差止めを認めたほか、本件契約の全条項について「一体のものとして」消費者契約法10条により無効となるとした。

1 事案の概要と差止訴訟の経緯

(1) 事案の概要

　株式会社防災センター（以下、「防災センター」という）は、「消火器リース」と称して、期間10年間の消火器の設置・使用と点検業務を内容とする契約を、訪問販売によって勧誘・締結させる事業者である。パッケージリース契約と称する契約書を用いてリース期間10年の長期契約を締結させ、10年分のリース料（3万1280円）を一括か10カ月前払いで先払いさせたうえ、クーリング・オフには応じるが、クーリング・オフ期間経過後の中途解約の場合は「解約時に残余代金を一括して支払うとの条項」を盾に、全代金を支払請求し、既払代金の返還に応じないという対応をとっていた。

　長年被害を多発させていた防災センターに対し、適格消費者団体消費者市民ネットとうほくが、2018年7月26日、仙台地方裁判所に差止請求訴訟を提起した。

　差止対象としたのは、多数の契約条項、勧誘における不実告知、不当表示である（後掲〔表〕参照）。なお、株式会社防災センターという商号の会社は2社あり（本店：東京都大田区蒲田と本店：東京都中央区日本橋、代表者同じ）、同じ勧誘・契約を行っていたため、同名の会社2社を被告としている。

(2) 防災センターにより繰り返された被害と差止訴訟の経緯

　防災センターは、2004年〜2005年に、本件と同様の違約金条項を用いて宮城県内に多数被害を発生させており、弁護団が結成され、集団訴訟を起こして仙台地方裁判所で和解している。

　その後も他の地域で同様の商法を継続したようで（後記の東京地裁判決によれば、2016年時点で過去10年間の全国の相談件数761件）、東京で被害が多発し、弁護団が結成されて、①防災センターからのリース料請求訴訟に応訴して勝訴し（東京地判平成28・1・29消費者法ニュース107号314頁。不法行為・公序良俗違反の契約との認定）、②債務不存在確認および違法勧誘を理由とする損害

賠償請求の集団訴訟（第1次・第2次）を提起して和解（2016年（平成28年）5月16日成立。防災センターが原告らに和解金を支払うとの内容）が成立している。

　2016年頃から宮城県で被害が急増し、同年7月以降宮城県内（仙台市が多い）で被害相談が急増し、約2年の間に450件の相談が寄せられた。

　2017年12月27日、ネットとうほくが防災センターに対し契約条項の使用停止、不当勧誘・不当表示の是正を求める申入れ（訴訟外の差止請求）を行った。

　その後、2018年3月5日、国（東北経済産業局）および宮城県が同時に、特定商取引法に基づく行政処分（業務停止6カ月）を行ったところ、防災センターが解散登記をしたため、推移をみていたが、防災センターは、後に事業活動を継続する旨宣言して登記を復活させたため、同年7月26日、差止訴訟を提起した。

　なお、防災センターは、上記行政処分に対し取消訴訟を提起したが、敗訴して確定している。

2　仙台地方裁判所および仙台高等裁判所の判決

(1)　差止対象

　差止対象は、以下のとおり、多数の条項および不当勧誘行為、不当表示である（後掲〔表〕参照）。

(A)　差止対象とした契約条項

　消費者契約法10条または8条違反を理由として、①から⑨の個別条項および本件契約の全条項（⑩）を含む意思表示の差止め、①について特定商取引法10条1項3号および4号を理由として、同条が定める金額を超える金額を支払う旨の特約を含む意思表示の差止めを求めた。

　①　契約解約時に消費者が事業者に対し、残余料金を一括して支払う条項（「残余料金一括払条項」。この条項は「違約金条項」とも解しうるため、以下において、「違約金条項」と記載する場合もある）

　②　消費者が契約期間の途中で契約を解約することを制限する条項（解約制限条項）

③　消費者が契約終了前の一定時期までに更新を選択しない旨を通知しない限り、契約を自動更新する条項（自動更新条項）

④　事業者の権利実行に要する費用や事業者が依頼する弁護士費用の一切を消費者に負担させる条項（弁護士費用等転嫁条項）

⑤　契約当事者（事業者と消費者となるか、第三者（リース会社）と消費者となるか）が、契約申込み後、事業者の判断により、あるいは事業者と第三者の契約の成否により決まるとする条項（契約当事者が契約後に決定する条項）

⑥　代理人として署名した者に債務を負担させる条項（代理人連帯債務負担条項）

⑦　物件の受領後は異議申立てできない、物件を受領しない場合でも料金を支払う、維持管理責任・滅失等の損害負担を定める条項（事業者の責任免除・消費者の責任・損害負担条項）

⑧　具体的な支払方法を消費者に告知する書面を、契約日から10日経過した頃に送付するとの条項（支払方法通知書面後日送付条項）

⑨　管轄裁判所を横浜簡易裁判所または横浜地方裁判所とする条項（専属的合意管轄条項）

⑩　本件契約の全条項

(B)　差止対象とした勧誘行為

ⓐ、ⓒからⓔについて特定商取引法58条の18第1項1号ハの不実告知、ⓑについて同条2号の故意の事実不告知を理由として以下の行為の差止めを求めた。

ⓐ　同名他社と誤認混同させる内容を告げること

ⓑ　住宅用消火器との違いを告げないこと

ⓒ　全国一有利な料金、価格であると告げること

ⓓ　消火器のすべてに点検が必要であると告げること

ⓔ　全国で市民が家庭に消火器を設置する条例があると告げること

(C)　差止対象とした不当表示

景品表示法30条1項1号・2号に基づき、「全国一有利な料金です」「（歴史上冠たる）高級ブランドです」「『毎年訪問・点検詰替・容器再提供』等を無料

130

で実施する」などの表示の差止めを求めた。

(2)　仙台地裁判決

　別紙目録記載の契約（筆者注：被告が現に締結している契約を指すこと、後記のとおり）を締結するに際して行う意思表示において、前記(1)(A)の契約条項のうち、①の残余代金一括支払条項について消費者契約法9条1号および特定商取引法10条1項3号および4号、②から⑤について消費者契約法10条、⑦について消費者契約法8条を理由として差止めを認容したが、⑥の代理人連帯債務負担条項、⑧の支払方法通知書面後日送付条項、⑨専属的合意管轄条項、⑩本件契約の全条項については、請求を棄却した。

　別紙目録記載の契約の締結について勧誘するに際しての勧誘行為についても、前記(1)(B)の@、©、@、@については特定商取引法58条の18第1項1号ハの不実告知に該当するとして差止めを認容したが、®の住宅用消火器との違いを告げないことについては、当該事項は特定商取引法58条の18第1項1号イ（商品の種類およびその性能もしくは品質）には該当しないことから同条2項の故意の事実不告知には該当しないとの理由で請求を棄却した。

　前記(1)(C)の不当表示については、いずれについても景品表示法違反を理由として請求を認容した。

　この判決に対し、被告が控訴し、原告は、敗訴部分について附帯控訴した。

(3)　仙台高裁判決

　仙台高等裁判所は、差止対象となる契約の範囲について1審判決を「消火器の設置・使用ないし保守点検に関する継続的契約を締結するに際し」と変更したうえ、前記(1)(A)①について、消費者契約法10条違反を認め、仙台地方裁判所が請求を棄却した同⑧、⑨、⑩の条項、および(B)®の勧誘行為についても差止めを認め、原告（被控訴人）の請求の全部を認容した。

　仙台高裁判決の注目すべき判断については、後述する。

3 本件において注目すべき争点と判断

　以下に、差止請求訴訟において参考となると思われる点や、原告（被控訴人。以下、単に「原告」という）が特に力を入れて主張・立証し、裁判所においても注目すべき判断がなされたと考えている点について報告する。

(1) 差止対象となる契約および条項の特定（判決主文）

　1審判決と控訴審判決の違いは、一見すると、原審で請求棄却となった条項や勧誘行為についても控訴審判決が認めたというだけのようにみえるが、実は、両判決には、判決主文の、差止対象となる契約および差止対象となる条項の特定の方法について、決定的な違いがある。差止請求訴訟全般に参考となる事項であると考えることから、最初にこの点を指摘したい。

　1審判決は、主文において、差止対象となる契約と条項について「別紙契約……目録記載1の契約」、「別紙……目録記載2の条項」という形で特定し、別紙目録1および2には、被告が現に締結していた契約内容（消火器のリース契約、期間10年等）と契約条項が記載されていた。

　原告が掲げた請求の趣旨では、差止対象となる契約を「消火器の設置・使用ないし保守点検に関する継続的契約」としており、対象となる条項についても被告の契約書文言そのままではなく、「○○（具体的条項）のような消費者に過大な負担を負わせる条項」のような形で記載していた。このようにしたのは、被告が契約内容や文言を多少変えることによって差止めの効果が及ばなくなるという事態を避けたいと考えたからであった。

　1審判決のような特定方法だと、差止めの効果は被告が現に使用している契約と条項に限定されてしまう。原告は、最初、そのことを明確に意識しないまま附帯控訴したのであるが、第1回口頭弁論において、仙台高等裁判所第2民事部の裁判長から、「1審判決で特定した契約の内容は、被控訴人が主張する『消火器の設置・使用ないし保守点検に関する継続的契約』と同じなのか異なるのか、1審判決を争わないのか、それとも1審判決は一部認容になるのか」という釈明を受けて問題点に気づいた。同裁判長からは、請求

の趣旨の差止対象条項の記載についても、「裁判所は、『〇〇のような』とい
う表現や『法律上の原因なく消費者に債務を負担させる』『消費者に過大な負
担を負わせる』とか具体的に何が問題になるのかがわからない文言では、請
求の趣旨の特定として不十分と考えるので、再検討せよ」との釈明も受けた。

　原告は、これらの釈明に導かれて附帯控訴の趣旨を変更し、当初原告が主
張したとおり、防災センターの現契約に限定されない「消火器の設置・使用
ないし保守点検に関する継続的契約を締結するに際し……」との控訴審判決
を得た。主文の契約の特定についても、1審判決と控訴審判決の文言を比較
すれば、その精度の差は明らかである（ただし、専属的合意管轄を定める条項
などは、他の適格消費者団体から広すぎて執行できないのではないかという指摘
もあった）。差止請求の条項特定方法の例として参考になるものと思う。

⑵　残余料金一括払条項（違約金条項）

　原告が最も力点をおいたのは、中途解約の場合に10年分の代金全額を支
払う条項（残余料金一括払条項、違約金条項）の差止めである。

　原告としては、当該条項の不当性は平均的損害を云々するようなレベルで
はないと考え、消費者契約法10条違反（全部無効）を争い、そのような判決
を期待した。結果は、以下のとおり、仙台地方裁判所は同法10条違反は認めず、
9条1号を理由として差止めを認め、仙台高等裁判所は、10条違反を理由
とする差止めを認めた。

　仙台地裁判決は、本件条項が定める違約金の額は、消費者契約法9条1号
に定める平均的な損害の額を超えると認められ、超える部分が無効となると
認定したうえ、「原告は、本件違約金条項は消契法10条によって無効となる
と主張するところ、その主張の趣旨は、本件違約金条項の全部が無効となる
という点にあると解される。しかし、消契法の趣旨、目的を十分考慮しても、
本件契約と同種の消費者契約の解除に伴い当該事業者に生ずべき平均的な損
害の額を超えない部分まで無効とすることはできないというべきである」と
して10条違反の主張は排斥しつつ、「もっとも、本件違約金条項の一部が無
効である以上、同種紛争の未然の防止又は拡大の防止という同法12条3項
の趣旨に照らし、本件違約金条項の使用等の差止めを認めるのが相当である」

として、当該条項の使用差止めを認めた。

　９条１号を理由に差止めを認める判断は、差止請求訴訟における判決の一形態であるが、この地裁判決を受けた際は、これほどひどい条項でも全部無効が認められないのか、違約金条項の10条該当性のハードルは相当に高いと感じた。

　原告は、控訴審で、本件違約金条項が10条に該当する理由を、以下のとおり整理した。①顧客には何らメリットがなく、②消費者の不利益が多大（時期を問わず全額を負担させられ、受けられない保守点検費用も実質的に負担させられる）、③十分な説明がない等契約成立経緯の不当性、④さらに控訴審で付加した主張として目的の不当性、「本条項は損害の填補ではなく一方で契約上の義務を免れながら契約による全利益を確保することを内容・目的とするもので違約金の程度〔金額〕の規制である９条の範疇を超える不当な条項」などである。

　仙台高等裁判所は、本件条項について、特に理由を記載せず、解約を制限する条項等他の条項と並べる形で10条該当性（全部無効）を認めている。

　残念ながら具体的理由は示されていないため、何がポイントになったのかがわからないものの、違約金条項について10条違反を認めた数少ない裁判例ではないかと思う。

⑶　特定商取引法違反を理由とする差止め

　本件訴訟では、残余料金一括払条項（違約金条項）について、特定商取引法10条違反を理由とする差止請求を行った。本件契約の契約者には、高齢のアパート経営者など、事業者も多数いた（むしろそのような高齢者が狙われていた）ことから、特定商取引法が適用される事業者との間の契約においての意思表示の差止めが必要だったからである。

　地方裁判所、高等裁判所共にこの請求を認めた。特定商取引法に基づく差止めも、珍しい例ではないかと思われる。控訴審判決の主文は、以下のとおりである。

　「控訴人らは、特定商取引に関する法律26条に該当する場合を除き、消火器の設置・使用ないし保守点検に関する継続的契約を締結するに際し、同契

約が解除されたときに同法10条1項3号及び4号に定められた額を超える金銭を支払わなければならないとする特約を含む契約の申込み又はその承諾の意思表示を行ってはならない」。

⑷ 支払方法通知書面後日送付条項

　原告が、被害の原因となっている大きな問題条項だと考え、何とか差止めできないかと考えた条項が、具体的な支払方法を消費者に告知する書面を、契約日から約10日後（つまり、8日以上経過した日以降）に送付するとの条項（「第13条2項　リース料等の支払方法は一括前払・月払限りとし、表面本契約書料金に付き契約日から10日ころ「ご請求のしおり」及び〒郵便局払込票用紙をご送付します」）であった。

　契約書や資料は渡されているが、契約者が、料金は無料と誤解していたり、内容を把握していなかったりすることが多く、後から請求書や支払方法（分割）の連絡書面が送付されることによって、初めて代金支払義務を認識したり、書面を家族が発見することで被害に気づき、消費生活センターに相談するというパターンが多かった。しかし、契約日から10日後頃に請求書面が送付されるため、契約日（契約書類上の年月日）から起算すると8日のクーリング・オフ期間がすでに経過しているという状況になっている。相談時にはクーリング・オフ期間が経過している（とみえる）、中途解約になると違約金条項を主張されるという2つのハードルにより、消費生活センターによる解決が難しくなっていた。原告は、この2つの条項が、広範な被害をもたらしている原因条項と考えた。

　そこで、原告は、この条項について、消費者にクーリング・オフ期間が徒過していると誤信させるための条項であるとして、消費者契約法10条該当を主張した。同条は、前段で「法令中の公の秩序に関しない規定〔すなわち任意規定〕の適用による場合に比して消費者の権利を制限し又は消費者の義務を加重する消費者契約の条項」（〔　〕内筆者）であることが要件とされているため、本規定について、どのような任意規定に比して消費者の権利を制限しているというのか（前段要件のあてはめ）に苦労し、「クーリング・オフ権尊重（保護）という一般法理」があると主張した。

　仙台地方裁判所は、クーリング・オフ期間が徒過していると誤信させているのは本件条項ではない、として原告の主張を認めなかったが、仙台高等裁判所は、以下のように判示して、差止請求を認容した。

　「13条2項は、リース料等の支払方法は、契約日から10日頃に送付する書面により知らせる旨の契約条項である。この契約条項は、特商法4条及び5条による書面の交付義務の要件を満たさない別紙1、2のパッケージリース契約書と題する契約書用紙や天秤と題する書面を交付して先に契約を締結させ、支払方法が通知された時には契約日から8日間のクーリング・オフ期間が徒過していると誤信させるための条項であると認められるから、特商法のクーリング・オフ制度による消費者の解約権の行使を実質的に制限することにより、消費者の権利を制限し、信義則に反し消費者の権利を一方的に害する条項であり、消費者契約法10条により無効となるものである」。

　仙台高等裁判所は、「クーリング・オフ制度による消費者の解約権の行使を実質的に制限する」規定であることを理由に10条該当性を認めている。何が任意規定となるかという形式的なあてはめにこだわらない認定判断がなされている点が、極めて重要と考えられる。

⑸　全条項の消費者契約法10条違反

　控訴審判決は、全条項が消費者契約法10条で無効と認めた点でも注目されている。仙台地方裁判所は、本件契約には、多数の無効な条項や原告が主張するとおり、条項自体の意味や条項相互の関係が不明確なところがあるが、「上記の無効な条項は、個別に修正することが可能である。また、……消契法3条1項1号からすれば……、修正することが求められるが、そのことから直ちに本件契約条項全部が消契法10条前段の条項に該当するということはできない」として全部無効を認めなかった（ただし、原告らが主張していない点（契約条項の第13条2項のうち「支払方法は一括前払・月払限り」とする部分）についても消費者契約法10条違反を認定している）。

　これに対し、仙台高等裁判所では、「パッケージリース契約条項①及び同②は、いずれも前記のとおり消費者契約法8条又は10条により無効となる条項が多数含まれ、これら関連する契約条項が全体として一体のものとし

て、消費者の権利を制限し又は消費者の義務を加重する消費者契約の条項となり、信義則に反して消費者の利益を一方的に害する契約条項となっているものと評価され、消費者契約法10条により、前記契約条項全部が無効となるものである」と判示して、10条該当性（全部無効）を認めている（全部無効の判断について、中里真「適格消費者団体による消火器訪問販売の不当条項使用等の差止め（仙台高判令3・12・16）」現消55号（2022年）88頁以下参照）。

⑹　その他、１審を覆して認めた条項等

　仙台高等裁判所は、１審判決が否定した「代理人連帯債務負担条項」や「専属管轄条項」、「業務用消火器であることを告げない行為」についても請求を認容している。以下、前２点について述べる。

　仙台地方裁判所は、借主の代理人として署名をした者が連帯債務を負うという条項があるので、所定欄に署名した者は本件リース料等について連帯債務を負担するという意思表示をしたということができる、とし、連帯債務を負担する意思表示をした者に対して連帯責任を負わせているにすぎないから、任意の規定に比して消費者の権利を制限し、または義務を加重する条項とはいえない、代理人が「連帯債務条項を見落とし、自己が本件リース料金等について連帯債務を負担することを認識しないまま、……自分の氏名を記載する可能性が高い。しかし、そのような場合、借主の代理人は、錯誤（民法95条1項1号）の規定によって、貸主との間の本件連帯債務条項に係る契約……を取り消すことができるのであり、上記のような可能性が高いことをもって本件連帯債務条項が消契法10条により無効となるわけではない」とした。

　これに対し仙台高等裁判所は、口頭弁論において、事後的に救済できる可能性があることを理由として差止めを認めないとの考えに疑問を呈し、消費者の不利益の防止という観点で検討が必要との見解を示した。差止請求訴訟におけるスタンスとして極めて正当である。そして、後掲〔表〕のとおり10条該当性を認めている。

　管轄条項についても、仙台地方裁判所は、本件合意管轄条項にかかわらず、消費者の住所地を管轄する裁判所に訴えを提起することができる、民事訴訟

法17条を適用して消費者の住所地を管轄する裁判所に移送することができるなどとして、消費者契約法10条前段に該当しないとしたのに対し、仙台高等裁判所は、後掲〔表〕のとおり、消費者の所在地や事業所の営業地などの事情まで検討に加えたうえで、10条該当性を認めている。

　裁判実務では、消費者契約における管轄の合意を排他的なものではなく競合的なものと解する手法（限定解釈）が許容されているところであるが、事業者を救済する（不当条項性を否定する）との方向での限定解釈には問題があるというべきである（中里・前掲87頁〜88頁参照）。

〔表〕 請求の趣旨（控訴審で整理したもの）、1審・控訴審判決の判断・理由等

No.	請求の趣旨の内容	1審	①1審の判断・理由、②附帯控訴部分と理由	控訴審	控訴審判決の理由
1〜6 全般 (対象 契約)	消火器の設置・使用ないし保守点検に関する継続的契約を締結するに際し（1〜3の条項の使用禁止・同契約を勧誘するに際し5の行為の禁止、これらを記載した契約書用紙(4)・文書、図画、電子的記録(6)の破棄）	△ 対象範囲が限定	①別紙目録記載の契約（本件契約と同じ内容）を締結するに際し（差止対象契約が本件と同じものに限定）②附帯控訴：上記の限定を「消火器の設置・使用保守点検に関する継続的契約」（訴状で求めた内容）に広げることを求める	○	防災センターが行う消火器の設置・使用ないし保守点検に関する継続的契約全般における差止めを認める。
1	契約解約時に、消費者が、控訴人らに対し、残余料金を一括して支払う条項の使用禁止	○ ただし範囲が限定	①消契9条1号（10条は否定）②附帯控訴：上記差止対象契約の限定、消契10条違反が認められるべき	○	消契10条に規定する消費者の利益を一方的に害する条項にあたる（5〜6頁）。

2	特商26条に該当する場合を除き、契約の中途解約時に特商法所定の額を超える金銭を支払わなければならないとの意思表示の禁止	○ ただし範囲が限定	①特商10条1項3号または4号 ②附帯控訴：上記差止対象契約の限定	○	特商10条1項3号および4号違反（7〜8頁）
3(1)	消費者が契約期間の途中で契約を解約するのを制限する条項の使用禁止	○	①消契10条	○	消契10条に規定する消費者の利益を一方的に害する条項にあたる（5〜6頁）。
3(2)	消費者が契約終了前の一定時期までに更新を選択しない旨を通知しない限り、契約を自動更新する条項の使用禁止	○	①消契10条	○	同上
3(3)	弁護士費用の一切を消費者に負担させる条項の使用禁止	○	①消契10条	○	同上
3(4)	契約当事者が、消費者の契約申込み後、控訴人らの判断により、あるいは控訴人らと第三者との契約の成否により決まるとする条項の使用禁止	○	①消契10条	○	同上
3(5)	代理人として署名した者に債務を負担させる条項の使用禁止	×	①契約書式上、連帯保証の意思表示をしたと認めうる ②附帯控訴：消契10条違反	○	契約条項1条4項の代理人として署名した者に連帯債務を負担させる条項は、何ら合理的な理由なく、民法の代理人の規定に比して消費者の義務を加重する条項であり消契10条違反（6頁）。
3(6)	ⅰ物件の受領後は異議申立てできないⅱ物件を受領しない場合でも料金を支払うⅲ維持管理責任・ⅳ滅	○	ⅰは消契8条1項1号、それ以外は消契10条	○	消契10条ないし8条1項1号（6頁）

	失等の損害負担を定める条項（事業者の責任免除・消費者の責任・損害負担条項）				
3(7)	具体的な支払方法を消費者に告知する書面を、契約日から8日経過した以降に送付するとの条項の使用禁止	×	①クーリング・オフ期間が徒過していると誤信させているのは、本件条項ではなく、別の契約条項の記載である ②附帯控訴：消契10条違反	○	リース料等の支払方法は契約日から10日頃に送付する書面により知らせる旨の条項は、法定書面の要件を満たさない書面を交付して先に契約を締結させ、支払方法が通知された時には8日間のクーリング・オフ期間が徒過していると誤信させるための条項と認められるから、特定商取引法のクーリング・オフ制度による消費者の解約権の行使を実質的に制限することにより、消費者の権利を制限し、消契10条違反（6頁）
3(8)	専属的合意管轄を定める条項の使用禁止	×	①消費者は損害賠償等の訴訟を住所地裁判所に提起できると考えられる（専属性を否定） ②附帯控訴：（理由）消契10条違反	○	専属管轄は、「民事訴訟法が定める管轄に比べて裁判を受けられる裁判所を限定し、民事訴訟法の規定に比べて消費者の権利を制限するもの」であって、被告の顧客の多くが仙台市内を中心とする宮城県に在住し、消火器の設置も宮城県内でされているのに、横浜を専属管轄とするような規定は被告らの営業の実情に照らしても専属管轄を定めて消費者の権利を制限する合理的な理由が認められない（7頁）。

3(9)	全契約条項の差止（使用禁止）	全部は× 一部○	①全部は×：条項全部が消契10条前段に該当するとは言えない。 一部○：「一括前払い・月払い限り」とする条項につき消契10条 ②附帯控訴：全部の条項の無効が認められるべき	○	パッケージリース契約条項①、②は消契8条または10条による無効となる条項が多数含まれ、これら関連する契約条項が全体として一体のものとして、消費者の権利を制限しまたは消費者の義務を加重する消費者契約の条項となり、信義則に反して消費者の利益を一方的に害する契約条項となっているものと評価され、消契10条により契約条項全部が無効（7頁）。
4	上記特約を記載した契約書用紙を破棄せよ	○	①消契12条3項	○	（7頁）
5(1)	誤認、混同させる内容を告げる勧誘の禁止	○	①特商58条の18第1項	○	顧客が当該契約の締結を必要とする事情に関する事項または当該契約に関する事項であって顧客の判断に影響を及ぼすこととなる重要なものについて不実のことを告げる行為を行うおそれがあると認める（8頁）
5(2)	住宅用消火器との違いを告げない勧誘の禁止	×	①故意の事実不告知に該当しない（特商58条の18第1項1号イ「消費品の種類等」に該当せず） ②附帯控訴：当該事項に該当する	○	その消火器が業務用であるか住居用であるかは、設置、使用や保守点検の方法や費用に相当影響を及ぼす重要な事項であるといえるが、被告らは何ら説明をしておらず、一般家庭には住宅用消火器の設置が推奨されていることを故意に説明していなかったことが認められる。住宅用消火器との違いを

					告げない行為は、役務の種類およびこれらの内容の不可欠の要素となるリース物件の種類およびその性質につき、故意に事実を告げない行為にあたる（8頁）。
5(3)	全国一有利な料金、価格であると告げる勧誘の禁止	○	①特商58条の18第1項	○	5(1)記載のとおり（8頁）
5(4)	消火器のすべてに点検が必要であると告げる勧誘の禁止	○	①特商58条の18第1項	○	同上
5(5)	全国で市民が家庭に消火器を設置する条例があると告げる勧誘の禁止	○	①特商58条の18第1項	○	同上
6	上記勧誘行為を記載した文書、図画、電子的記録を破棄せよ	○	①特商58条の18第1項	○	今後とも勧誘のおそれあり（9頁）
7	訴状別紙「対象となる表示」記載の表示を行ってはならない	○	①景表30条1項1号2号 ○全国一有利、点検等無料（有利誤認表示） ○高級品（優良誤認表示）	○	原判決同様、優良誤認表示・有利誤認表示にあたると認める（9〜10頁）。

福島大学行政政策学類准教授　中里　　真

研究者からの視点

1　適格消費者団体による差止請求の根拠法令

2007年（平成19年）6月7日以降、適格消費者団体が差止請求を行えるようになってから、消費者契約法23条4項に基づいて内閣総理大臣に報告があった例（裁判内外を問わない）を確認すると根拠法令として最も多く使われるのは消費者契約法であり、中でも10条（消費者の利益を一方的に害する条項）の活用が多いことが指摘されている。確かに、2009年（平成21年）4月1日に景品表示法が規定する不当表示に対して、同年12月1日に特定商取引法に規定する不当な勧誘行為や不当な契約条項や不当な表示に対して、それぞれ差止請求が行えるようになり、さらに2015年（平成27年）4月1日からは食品表示法に規定する不当表示に対しても差止請求が行えるようになるなど、その適用範囲が増えるにつれ、消費者契約法以外の法律に基づく差止請求も増えている。

2　差止請求の裁判例の動向

しかし、消費者契約法を根拠法令とした差止請求の裁判例自体は、消費者契約法10条の適用を認める最判令和4・12・12民集76巻7号1696頁〔フォー

---

(1)　消費者庁『消費者団体訴訟制度　適格消費者団体による差止請求事例集』（2019年。以下、「差止請求事例集」という）13頁。同内容は消費者庁ウェブサイトでも確認できる〈https://www.caa.go.jp/policies/policy/consumer_system/collective_litigation_system/about_system/case_examples_of_injunction/〉。
(2)　前掲（注1）・差止請求事例集12頁。

シーズ事件〕や、消費者契約法8条を適用した東京高判令和2・11・5消費者法ニュース127号190頁〔モバゲー事件〕などが認められるものの、請求が棄却されたものも含めて決して数が多いとはいえない。さらに、消費者契約法以外の法律を根拠としたものとなると、特定商取引法を理由とした例として仙台高判令和3・12・16判時2541号5頁（本件の消火器リース事件（以下、「本判決」という））、景品表示法を理由とした例として最判平成29・1・24民集71巻1号1頁〔クロレラチラシ事件〕などの、目立ったものもあるが、数はさらに限られる。[3]

3　本判決の位置づけ

　以上に鑑みると、本判決は、単に差止請求訴訟として判決に至った事例であることにとどまらず、消費者契約法10条、特定商取引法6条、10条、景品表示法30条のいずれをも適用している点で、さらにその重要性を増す。さらに、消費者契約法10条を適用して約款等の条項無効を判断する裁判例では、契約書内の特定の条項が同条に該当するか否かを判断することのほうが多い中（たとえば、前掲・最判令和4・12・12等）、契約条項全部を無効と判断した点でも注目されるべきである。

4　本判決の評価

　ところで、本判決の原審も原告の訴えの多くを容れており、かつ、消費者契約法や、景品表示法および特定商取引法の各条文該当性について詳細な判断を示して条項の無効判断を示している。そして、原審において認容された各条項の無効判断は、本判決でも維持されている。よって、筆者は基本的な

---

(3)　その他の事例については、裁判外の和解案件も含めて、消費者契約法39条1項により消費者庁のウェブサイトで公表されている。また、2014年（平成26年）12月11日までの裁判例については、未公刊のものも含め、日本弁護士連合会消費者問題対策委員会『コンメンタール消費者契約法〔第2版増補版〕』（商事法務、2015年）850頁以下で確認できる。

契約条項に対する評価は両者に通底していると考えている。確かに原審では、本件契約条項全部が消費者契約法10条によって無効であるということはできないという、本判決とは異なる判断を下している。しかし、他方で、原審においても被告事業者の使用する契約条項が、各条項の意味や条項相互の関係が不明確なことを指摘し、消費者契約法3条1項1号からすれば修正することが求められるということを指摘している。本判決は、原審では認められなかった条項の消費者契約法10条該当性を認め、さらには、「これら関連する契約条項が全体として一体のものとして、消費者の権利を制限し又は消費者の義務を加重する消費者契約の条項となり、信義則に反して消費者の利益を一方的に害する契約条項となっている」と判断しているが、筆者はその背景が条項の不明確性にあると考えている。すなわち、原審も本判決も被告事業者の使用する契約条項では、複数の内容が相反する意味をもつ、あるいは、全体として読み取らなければ意味をなさない条項が多数含まれていると評価している点は変わらないが、おそらく本判決は、この契約条項は消費者契約法3条1項1号の趣旨に合致しないばかりか、誤信を誘発させるような不明確さを意図的に残したものと評価して、その全体が信義則に反するとの結論に至ったとみるのである。⁽⁴⁾

　さらに、鈴木論稿の指摘するとおり、残預金一括支払条項（違約金条項）は、原審ではわざわざ消費者契約法10条該当性を否定して同法9条を適用した判断をしているにもかかわらず、本判決では特段理由を示すことなく（かつ、あえて原判決の「説示の通り」としつつ）、消費者契約法10条に該当するとの結論を導いている。特に理由が示されていない以上、その意図を読み解くことは難しく、原告の主張内容のいずれかがポイントとなって結論に影響を与えたことも、当然考えられる。しかし、筆者は、上記のとおり契約条項を全体として一体のものとみる考えが、消費者契約法10条の適用に影響を与えたのではないかと推察している。それは、残預金一括支払条項（違約金条項）を評価するにあたり、条項単体での消費者契約法10条該当性のみをみるのではなく、契約条項全体に位置づけられた場合の解釈の不明確さや、誤信や困

---

(4)　拙稿「判批」現消55号（2022年）89頁以下。

惑を招こうとするものの一部であるとみなされて、消費者契約法10条違反
であるとの結論に至ったのではないか、と考えるためである。こうみること
で、判決全体を通した整合性ある理解ができよう。

　最後に視点を変えて、本件のように契約条項の全部差止めが認められた場
合の、各個別条項の差止効果の射程についてひと言述べる。通常、契約書面
の条項の一部を差し止める場合、差止対象とはならない契約条項は有効であ
る。その限りでは契約の同一性が保たれている。他方、本件のように契約条
項全部が差し止められた場合は、新たな契約条項を作成せざるを得ない。す
ると新たな契約条項に基づく契約を全く異なる性質のものとすることが可能
となる。これにつき、鈴木論稿では、本判決はその点をも意識して「消火器
の設置・使用ないし保守点検にかかる継続的契約を締結するに際し」との文
言を付したものであるとされ、仮に同事業者が同種事業を行う場合、新たに
作成する書面においても差止めの対象となった条項の使用は認められないこ
とになると指摘する。もっとも、同じ事業者が、類似の非典型契約を、差し
止められた条項とは異なる（しかし、消費者契約法3条1項1号には抵触するよ
うな）表現で記載した条項を用いて消費者との間で締結した場合に、判決効
の射程が当然に及ぶのかについては、契約の性質決定ともかかわるものであ
り、即断は難しいように思う。

7　法とデータサイエンス

福島大学行政政策学類准教授　**山　﨑　暁　彦**

本稿の概要

✓　昨今、データサイエンスについての教育が求められており、法学に関してもその例外ではない。本稿は、「法とデータサイエンス」をテーマとした講義案である。

✓　人を対象とし、社会調査を伴う学問においては、インフォームド・コンセントが不可欠であるが、この同意・承諾を得るために説明するべき重要事項の1つに、調査対象者のパーソナルデータの取扱いがある。

✓　パーソナルデータには、まず個人情報保護法の対象となる個人情報がある。しかし、パーソナルデータの中には、個人情報保護法では保護されないものもあり、なお不十分である。

✓　このような不備を補完するのがプライバシー権である。プライバシー権をめぐっては、私生活をみだりに公開されない権利だと理解する古典的な学説と、自己情報コントロール権として理解する新しい学説との間に議論がある。今日では、忘れられる権利など従来の学説では説明しにくい概念も登場している。

1　はじめに

　昨今、政策として、大学においても「データサイエンス」の教育が求められている。データサイエンスとは、さまざまなデータの解析手法にかかわる学問であるが、「法学」としては、どのような講義内容が考えられるであろうか。一般に「法とデータサイエンス」のみで1科目となるようなことはない

と思われ、本稿では、1回分（正味20分ないし30分程度）の講義案を示し、今後の「法とデータサイエンス」教育構築の一助としたい。以下では、スライドおよび音声データの一例を掲載する。

2 スライドおよび音声データの例

❶ この動画では、法とサイエンスについて解説します。動画の内容は、①はじめに、②パーソナルデータの取扱い、③個人情報保護法、④プライバシー権、⑤まとめ、となります。

法とデータサイエンス

1 はじめに
2 パーソナルデータの取扱い
3 個人情報保護法
4 プライバシー権
5 まとめ

❶

❷ はじめに、法とデータサイエンスのかかわりについて、説明します。

1 はじめに
・ データサイエンス(DS)とは
・ DS科目とは
・ ビッグデータと法
　ex.1 民事訴訟のIT化

　ex.2 ビッグデータによるプロファイリング

❷

データサイエンスとは。

データサイエンス（DS）とは、データ、特にビッグデータと呼ばれる、膨大なデータ群を数学、統計学、機械学習などの手法を用いて、分析・解析し、科学的または社会的に有益な知見を探究する学問のことを総称していいます。

DS科目とは。

内閣府のAI戦略2019では、教育改革の大目標として、デジタル社会の読み・書き・そろばんである、数理・DS・AIの基礎などの必要な力をすべての国民が育み、あらゆる分野で人材が活躍することがめざされました。大学におけるDS科目は、その中に位置付けられるものです。[1]

　ビッグデータと法。

　ビッグデータに関し、法が問題となる例には、次のようなものがあります。

　例１。民事訴訟のIT化。⁽²⁾

　2022年、民事訴訟法が改正され、裁判手続が全体的にIT化されました。たとえば、弁護士は、訴状等をオンラインで提出、受取りすることが義務化されたり、一部、ウェブ会議での審理手続が利用可能になりました。このほか、判決書は、すべて電子化され、AIにより匿名化され、データベース化されます。データベースは、誰でも閲覧可能で、このビッグデータを活用して、賠償額や裁判所の判断などの目安を知ることができ、訴訟活動の判断材料になることが期待されています。それでは、さらに進んで、AIによる裁判は、可能なのでしょうか。憲法76条の裁判官の独立、自由心証主義の観点から懸念も示されていますが、⁽³⁾一部の研究者によって、将来的には、AIを活用し、市民からの法律相談に即応した法律情報の提供システムを構築する必要性が主張されています。⁽⁴⁾他方で、コンピューターが支配・管理するディストピアは、オーウェルの『1984年』やアシモフの『われはロボット』⁽⁵⁾などの古典的なSF小説の時代から、繰り返し語られてきました。モンテスキューのいうように、裁判官は、法を語る口、オートマタにすぎないのか、それとも訴訟当事者は、裁判の中で新たな法を創造する存在なのか、興味をもった方は、法哲学の本を読んでみてください。

　例２。ビッグデータによるプロファイリング。

---

(1)　内閣府「AI戦略2019──人・産業・政府全てにAI」(2019年) 8頁以下。

(2)　民事訴訟のIT化については、三上威彦「民事訴訟手続のIT化とその検討課題について」武蔵野12号 (2019年) 169頁以下が詳しい。ほか、青木哲「民事訴訟手続のIT化」法教506号 (2022年) 62頁以下参照。

(3)　三上・前掲注(2)201頁以下。ほか、民事訴訟のIT化に関し検討するべき事項として、とりわけ情報格差 (デジタル・ディバイド) における弱者についての裁判を受ける権利、濫訴・情報セキュリティ対策、公開主義・口頭主義・直接主義・弁論主義等との関係などがあげられている (同192頁以下参照)。

(4)　三上・前掲注(2)175頁。

(5)　アイザック・アシモフ (小尾芙佐訳)『われはロボット〔決定版〕』(早川書房、2004年) 所収の「厄災のとき」では、そのような世界が示唆されている。

　今日、インターネットは、不可欠な存在になっています。インターネットは、ユーザーが自ら必要な情報を取得しにいくプル型メディアなので、閲覧履歴、購買履歴、アプリ等の利用履歴、メールやSNS上のコメントなどの内容、位置情報、移動履歴などの情報がビッグデータとして、日々、生まれています。このビッグデータを用いて、個々の利用者のプロファイル、すなわち、人種、性別、年齢、所得、嗜好、思想信条、家族構成等の属性を推定することができ、さまざまなビジネスや政治の場で使われています。消費者庁のある検討会においては、このようなプロファイリングによる、行動ターゲット広告のオプトアウト、すなわち、ユーザーに許可をとることなく、当該顧客の関心がありそうな広告を送り付けること、または、パーソナライズド・プライシング、すなわち、個人単位で価格を変える手法が懸念されています[7]。

　以上のとおり、法の世界でも、ビッグデータ、特に個人に関する情報である、パーソナルデータ[8]の取扱いをめぐって、さまざまな議論がなされているのです。

❸　次に、パーソナルデータの取扱いに関し、インフォームド・コンセントの話をします。

---

(6)　ビッグデータまたはプロファイリングの危険性については、宮下紘『プライバシー権の復権——自由と尊厳の衝突』（中央大学出版部、2015年）268頁以下、村上康二郎『現代情報社会におけるプライバシー・個人情報の保護』（日本評論社、2017年）219頁以下が詳しい。宮下・前掲注(6)268頁以下では、ビッグデータに基づくプロファイリングについて、ユーザーが、その予期しないパーソナルデータの利用、および情報の非対称性により、自己のパーソナルデータについてのコントロールを喪失し、プロファイリングによる差別を被ることなどが懸念されている。
(7)　消費者庁「第7回デジタル・プラットフォーム企業が介在する消費者取引における環境整備等に関する検討会議事録」（2020年）22頁以下。
(8)　本稿では、個人情報保護法の「個人情報」に限らず、個人にかかわる情報一般のことを「パーソナルデータ」と総称する（村上・前掲注(6)222頁参照）。パーソナルデータの種類については、村上・前掲注(6)224頁以下等参照。

インフォームド・コンセントとは。

インフォームド・コンセントという言葉は、医療の世界で耳にしたことがあると思います。元々は、戦争中から続く非倫理的な人体実験に対する深い反省

2　パーソナルデータの取扱い
① **インフォームドコンセント**
・ **インフォームドコンセントとは**
→ 被験者が十分な説明を受け、その内容を理解し、自由意思に基づいて、同意/拒否を示すこと。

・ **人を対象とする研究倫理**
→ 社会調査の際、パーソナルデータの取扱いについて、説明しなければならない。

❸

から生まれた医療倫理原則、たとえば、被験者に対する人格の尊重、善行、正義等を実現、保障するための手続の１つを指しています。アメリカにおいて、被験者保護のための倫理原則およびガイドラインの基盤をなしている、ベルモント・レポートでは、インフォームド・コンセントとは、被験者が十分な説明を受け、その内容を理解し、自由意思に基づいて、同意または拒否の意向を示すことである、とされています。[9] わが国でも、文部科学省・厚生労働省・経済産業省による倫理指針において、インフォームド・コンセントについて触れられています。[10]

人を対象とする研究倫理。

人体実験等の医療に限らず、語学、歴史学、文化人類学、地域政策学、政治学、経済学、法政策学、社会学、心理学、教育学などの社会調査を伴う人文社会科学、あるいは、情報工学、機械工学等の工学に至るまで、およそヒトを対象とする研究においては、広くインフォームド・コンセントが求められています。

以上のとおり、社会調査を伴う学問においては、広くインフォームド・コンセントが求められています。そして、このインフォームド・コンセントを得るうえで説明するべき重要な事柄の１つに、調査対象者のパーソナルデータをどのように取り扱うのか、ということがあるのです。[11]

---

(9)　日本学術振興会「科学の健全な発展のために」編集委員会編『科学の健全な発展のために――誠実な科学者の心得』（丸善出版、2015年）32頁以下。

(10)　文部科学省ほか「人を対象とする生命科学・医学系研究に関する倫理指針」（2021年）参照。

❹　パーソナルデータには、個
人情報保護法の対象となる個人
情報と、プライバシー権として
保護される情報とがあります。

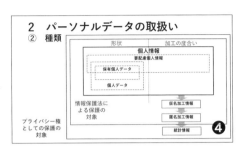

個人情報とは。⁽¹²⁾

個人情報というのは、生存している個人に紐づけられる情報で、その者を
識別できる情報を指します。容易に他の情報と照合し、識別できるものも含
みます。

パーソナルデータには、どのようなものがあるのでしょうか。

まず、個人情報の中には、プライバシー性の極めて高い、非常にセンシティ
ブなデータがあります。たとえば、人種・民族、生まれによって否応なく生
じる社会的地位である、門地、あるいは、思想信条、それから、病歴、身体
的・精神的な障害、または、犯罪歴・犯罪被害歴や私生活などの情報です。
このような機微な、すなわち、通常、他人には知られたくない情報のことを
「要配慮個人情報」といいます。

次に、この個人情報は、形状で分類すると、一般的な個人情報と個人デー
タとに分けられます。このうち、業務委託等で他社から預かっている情報の
ように、開示の義務がないものを除くデータのことを保有個人データといい
ます。この個人データというのは、個々の個人情報を検索のため体系的に構
成する形で、データベース化した物の１つひとつの情報を指します。

また、この個人情報は、加工されていくと、その度合いにより、いくつか
に分けることができます。仮名加工情報とは、他の情報と照合すれば、個人

(11)　日本学術振興会編・前掲注(9)37頁以下。

(12)　「個人情報」の種類については、田中浩之＝蔦大輔編著『60分でわかる！　改正個人
　　情報保護法超入門』（技術評論社、2022年）32頁以下等が簡潔である。ほか、日本学術
　　振興会編・前掲注(9)38頁以下参照。

152

を識別しうるが、単体では
識別できないよう加工した
情報のことです。これに対
して、匿名加工情報とは、
厳格な基準のもと、復元し
て個人を識別することがで
きないよう加工した情報の
ことをいいます。統計情報

- 　**個人情報**
  ex.　会員ID/氏名/性別/生年月日/住所/購買履歴(購買日・店舗名・金額)
  　　A001/山田一郎/男性/1980.2.1/東京都渋谷区●●─●号室/2021.4.1/ステーキハウスxxx/12,350円
- 　**仮名加工情報**
  ex.　会員ID/性別/生年月/居住地/購買履歴(購買日・店舗名・金額)
  　　A001/男性/1980年2月/東京都渋谷区/2021.4.1/ステーキハウスxxx/12,350円
- 　**匿名加工情報**
  ex.　性別/年齢/居住地/購買履歴(曜日・店舗種別・金額)
  　　男性/41/東京都/平日(木曜)/飲食店/10,000～14,999円
- 　**統計情報**
  ex.　当社ポイント会員の年齢分布
  　　20代/15%　30代/20%　40代/25%　50代/18%　60代以上/14%　未回答/8%

cf.　田中・蕊著『60分でわかる!改正個人情報保護法超入門』(技術評論社、2022年)32～37頁

とは、複数人の個人情報から共通要素についての項目を抽出して同じ分類ご
とに集計して得られる情報のことです。特定の個人との対応関係が消されて
おり、もはや、個人情報保護法の対象ではありません。

　以上のとおり、ひと口に「個人情報」といっても、その形状や加工の度合
いによって、さまざまな類型があり、各類型ごとに取扱いが異なっています。
個人情報保護法の内容をみる前に、各類型の例をあげておきます。

❺

　※音声データなし。

❻　個人情報保護法制定の背景には、情報化社会とプライバシー意識の高ま
りがあります。プライバシー権という考えは、私生活を取り上げるマスメディ
アに対する規制として、19世紀末のアメリカで生まれました。その後、1980年、
OECD(経済協力開発機構)の理
事会で、プライバシー保護勧告
が採択されました。

　この勧告は、目的を明らかに
して適正にデータを収集するこ
と、同意や法律がなければ、目
的の範囲内で利用すること、デー

3　個人情報保護法
① 　制定の経緯・背景
- 　**情報社会化とプライバシー意識の高まり**
- 　**世界の動き**
  ex.　OECDプライバシー保護勧告(8原則)、EUデータ保護指令
- 　**日本の動き**
  ex.　地方公共団体の条例、経産省のGL・プライバシーマーク制度
- 　**その他**
  ex.　電子商取引の増加、改正住基法
→ 　**2003年、成立。**

タを安全に保管し、正確性を常に確保していくこと、データの取扱いについて情報公開すること、本人に開示・訂正・削除する権利を保障することなど、8つの原則からなっています。

　1995年には、EUデータ保護指令により、十分な保護レベルではない第三国にデータを移転することが禁止され、わが国としても何らかの対応が迫られました。国内では、1980年代より、各地方公共団体において、個人情報保護条例が制定されていましたが、世界の動きを受けて、経済産業省が個人情報保護ガイドラインや保護体制についての第三者認証制度である、プライバシーマーク制度を整えていきました。20世紀末には、電子商取引が増加し、1999年には、住民基本台帳法が改正され、各市町村の住民票を編成した帳簿がネットワークで結ばれるなど、パーソナルデータの保護要請が高まっていきます。そして、2003年、個人情報保護法が成立したのです。[13]

❼　次に、個人情報保護法の内容を個人情報のライフサイクル、すなわち、データの生成・取得から消去・廃棄までの各段階に分けて、説明していきます。

　各段階とは、①取得、②利用、③保管、④提供、⑤廃棄、の５段階になります。

　1、取　得。

　まず、個人情報の取得に際しては、適正に行う義務があります。個人情報の利用者は、具体的な利用目的を説明するか、プ

> **3　個人情報保護法**
> ②　規制の内容/個人情報のライフサイクル
> ①　**取得**
> 　具体的な利用目的の説明・公表、同意の取得（要配慮個人情報のみ）
> ②　**利用**
> 　目的範囲内での利用、目的外利用における同意の取得
> ③　**保管**
> 　正確性の確保、（誤えい時の対応等）安全管理措置、開示請求への対応
> ④　**提供**
> 　「第三者」提供についての同意の取得、委託先の監督、オプトアウトの手続き
> ⑤　**廃棄**
> 　　　　　　　　　　　　　　　　❼

ライバシーポリシーをウェブサイト上に載せるかなどして示し、個人情報を収集しなければなりません。プロファイリングの場合には、分析処理することを示す必要があります。その際、同意を得ることまでは、求められていま

---

(13)　個人情報保護法の成立・改正等については、田中＝蔦編著・前掲注(12)8頁以下が簡潔である。個人情報保護法制の沿革については、堀部政男「個人情報保護法制化の背景と課題」ひろば54巻2号（2001年）4頁、村上・前掲注(6)7頁以下等が詳しい。

せん。ただし、要配慮情報や判断能力の不十分な子どもの情報については、本人または保護者の同意が必要になります。郵便物の誤配やSNSの閲覧等では、その情報を転記しない限り、取得したことにはなりません。

2、利　用。

個人情報を用いるにあたっては、原則、目的外利用をしてはいけません。同意を得れば、それ以外の目的で利用することはできます。利用目的は、目的に関係して合理的な範囲内であれば、変更ができます。たとえば、既存の商品やサービスを提供するため情報を保有していた利用者が、利用目的に、新規に提供する関連商品・サービスについてのお知らせをすることを加えることは可能です。その場合、利用者は、本人の同意がなくても、新商品案内をするため、登録のあて先にダイレクトメールを送ることができるようになります。なお、不適切な利用があった場合には、本人は、利用の停止、消去を請求できます。また、仮名加工情報および匿名加工情報については、公表すれば、自由に利用目的を変更し、個人情報を利活用することができます。

3、保　管。

個人情報の保管においては、まず、努力義務として、保有するデータを常に正確かつ最新の内容に保つことが求められています。次に、データの漏えい、すなわち、外部への流出、または、滅失、毀損等を防ぎ、安全に管理する義務があります。詳しくは、個人情報保護委員会のガイドラインにも書かれていますが、基本方針を策定したうえで、安全管理にかかわる組織体制を整備し、従業員を教育し、データを扱う区域や機器・電子媒体を分けて、紛失・盗難に備え、アクセスを制限するなどしなくてはなりません。とはいえ、全利用者に一律の義務内容が課されているわけではなく、事業規模が小さい、一般消費者が相手ではない、といった事業内容、あるいは、機微情報が含まれていない、保存媒体が紙である、といったデータの内容次第では、相対的に措置レベルが緩和されることになります。他方で、実際に個人情報が漏えいなどしてしまった場合には、厳格な責任が問われます。ガイドラインによれば、漏えい等の事実関係および再発防止策を公表することが望ましいとさ

れているほか、内部報告や被害拡大の防止、調査、原因の究明、あるいは、影響範囲を特定し、再発防止策を検討・実施することなどが必要に応じて講じなければならないものとされています。そして、個人情報保護法施行規則にあるように、不正な目的で、1000人以上の要配慮個人情報が含まれるデータが流出、または、流出した可能性があり、財産的な二次被害が生じるおそれがある場合には、個人情報保護委員会および本人にその旨を通知する法的な義務が課されています。これに対し、本人は、データの利用停止、消去を請求することができます。また、保管しているデータについて、本人は、開示請求することができ、利用者は、これに応えなくてはなりません。そのうえで、本人は、内容が事実でなければ、訂正を求めることが可能です。

4、提　供。

個人情報は、原則、同意を得ることなく、勝手に第三者に提供してはいけません。ただし、当該利用者と一体の者と考えられるような、業務の委託先やグループ企業内の共同利用者等は、「第三者」にはあたりません。なお、委託先の監督義務は発生します。また、警察からの照会や災害時、児童虐待の事例、国家機関への協力など、公益性の高い場合には、本人の同意は不要です。内部利用が主な仮名加工情報は、第三者提供できませんが、匿名加工情報については、あらかじめ公表してあれば、柔軟に第三者に提供することができます。プライバシーポリシー等に必要事項を記載して、公表し、個人情報保護委員会に届出するなどの条件を満たせば、オプトアウト方式、すなわち、本人が停止を求めるまで、事前の同意なく、第三者提供ができる、という形もあります。違法に提供している場合には、本人は、停止を請求できます。

5、廃　棄。

最後に、データが不要になれば、消去する努力義務があります。

以上のとおり、個人情報保護法では、データの取得から廃棄までの各段階において、利用者には、さまざまな義務が課されているのです。[14]

❽ このほか、個人情報保護法には、個人情報保護委員会や学術研究機関についての例外などの取決めがあります。

> **3 個人情報保護法**
> ③ その他
> ・ **個人情報保護委員会とは**
> → 個人情報の適正な取扱いを図るための行政機関。
>
> ・ **学術研究機関についての例外**
> → 学術研究目的の場合には、要配慮個人情報の取得制限、利用目的による制限、第三者提供の制限等はないが、自主規範の策定が求められている。
>
> ❽

個人情報保護委員会とは。

個人情報保護委員会とは、個人情報の有用性に配慮しつつ、個人の権利利益を保護するため、個人情報の適正な取扱いを図るための行政機関です。⁽¹⁵⁾

学術研究機関についての例外。

個人情報保護法は、国の行政機関・地方公共団体、または、国公立の大学や病院などの独立行政法人、民間事業者を問わず、個人情報を取り扱うすべての事業者に適用されますが、一部例外もあります。

憲法で保障されている表現の自由、学問の自由、信教の自由、政治活動の自由等に鑑みて、報道機関や著述業、宗教団体、政治団体については、個人情報保護法が適用されず、努力義務となっているのみです。

学術研究機関も、学術研究目的で個人情報を取り扱う場合には、利用目的による制限、要配慮個人情報の取得制限、第三者提供にかかわる制限などの義務はありません。その代わり、自主規範の策定・公表が求められるのです。

そもそも、個人は、個人情報保護法の規制対象ではありません。しかし、学生が大学の授業として、社会調査等を行う際には、指導教員、ひいては、大学が個人情報の取扱責任者となります。そのため、多くの大学で、個人情報保護規程、または、ガイドライン等が整備され、実際には、個人情報保護法に準じたルールが設定されています。具体的なものとしては、インターネッ

---

(14) 個人情報保護法の内容については、田中＝蔦編著・前掲注(12)30頁以下、40頁以下が簡潔である。具体的な義務内容については、個人情報保護委員会「個人情報の保護に関する法律についてのガイドライン（通則編）」（2022年）の別添「講ずべき安全管理措置の内容」等が詳しい。ほか、村上・前掲注(6)223頁以下参照。

(15) 田中＝蔦編著・前掲注(12)108頁以下参照。

ト調査に特有の問題もあります。学生にも使いやすい調査方法であり、興味
があれば、調べてみてください。[16]

❾　プライバシー権の役割。

以上のとおり、パーソナルデー
タの中には、個人情報保護法で
は保護されないものがあり、な
お不十分であると指摘されてい
ます。

たとえば、統計情報は、個人

> **4　プライバシー権**
> ① 個人情報保護法とプライバシー権
> ・　**プライバシー権の役割**
> → 個人情報保護法で保護されないパーソナルデータも
> 　プライバシー権として救済され得る。
>
> ・　**プライバシー保護とデータ利活用の関係**
> → プライバシー権を保障することは、パーソナルデータの利活用
> 　にも繋がる。
>
> ❾

情報ではありません。また、GPSやWi-Fiで収集される位置情報は、集積さ
れない限り、個人を識別できないため、原則、個人情報ではありません。[17]
ほかにも、インターネットの利用を快適にするため端末を識別するCookie
等の技術によって収集された、ウェブの閲覧履歴や購入履歴なども、ログイ
ン後のアカウント情報と紐づけられていなければ、個人を特定できず、個人
情報ではないことになります。[18] また、個人は、個人情報保護法の規制対象
ではなく、メディアや政治・宗教団体に対しても適用されません。[19] これは、
個人情報保護法がデータを利用する事業者への規制であるとの側面が強いた
めであるといえます。

このような個人情報保護法の穴を埋めるのがプライバシー権になります。
プライバシー権とは、個々人の人格権であり、これが侵害されれば、民法上、
不法行為に基づく損害賠償を請求できる可能性があるのです。[20]

プライバシー保護とデータ利活用の関係。

一見すると、プライバシー権を保障すると、データの利活用が妨げられる
ようにみえます。しかし、利用事業者は、消費者のプライバシーを適正に保

---

(16)　田中＝蔦編著・前掲注(12)120頁以下参照。
(17)　田中＝蔦編著・前掲注(12)132頁以下、144頁以下参照。
(18)　田中＝蔦編著・前掲注(12)130頁以下参照。
(19)　田中＝蔦編著・前掲注(12)120頁以下参照。

護することで、信頼関係を構築することができ、そして、パーソナルデータの積極的な利活用により、サービスを向上させていくことができるのであって、プライバシー権の保障と、パーソナルデータの利活用は、むしろ両立するものなのです。[21]

❿　プライバシー権をめぐっては、これまで、さまざまな議論がなされてきました。大まかにいうと、プライバシー権とは、1人でいさせてもらう権利である、という考えから、プライバシー権とは、自己の存在にかか

> **4　プライバシー権**
> ②　プライバシー権の展開
> ・　古典的なプライバシー権
> 　　→　一人でいさせてもらう権利
>
> ・　今日のプライバシー権
> 　　→　自己情報コントロール権
>
> ❿

わる情報を開示する範囲について、コントロールできる権利である、という理解へと移行してきた、といえます。[22] 今日、プライバシー権とは、「自己情報コントロール権」であるという説明が一般的になっています。[23]

　古典的なプライバシー権。
　プライバシー権という考えは、俗悪なタブロイド紙から私生活が暴露され

---

(20)　田中＝蔦編著・前掲注(12)28頁以下参照。一般的には、プライバシー権のほうが保護範囲が広い。村上・前掲注(6)221頁では、プライバシー保護の観点では、個人情報のみの検討では不十分である（パーソナルデータに対する配慮が必要である）、プライバシー権の対象となる情報は、個人情報の範囲とは一致せず、個人情報保護法は、プライバシー保護の観点により改正されてきたが、なお、不十分である、などと指摘されている。なお、プライバシー権・個人情報保護法制の関係については、鈴木正朋「個人情報保護法とプライバシーの権利──『開示等の求め』の法的性質」堀部政男編著『プライバシー・個人情報保護の新課題』（商事法務、2010年）66頁以下参照。ほか、宮下紘「プライバシー権と個人情報保護の関係」現消55号（2022年）18頁以下参照。

(21)　このような発想は、とりわけシステム開発段階よりの計画的なプライバシー対策（プライバシー・バイ・デザイン）においては、ゼロサム・パラダイムよりポジティブ・パラダイムへの転換、と称されている（村上・前掲注(6)220頁参照）。

(22)　プライバシー権の沿革、議論状況等については、村上・前掲注(6)22頁以下が簡潔である。

るのを守るため、19世紀末のアメリカで生まれました。[24] そのため、初期のプライバシー権というのは、そっとしておいてもらえる、または、侵害されたとき、救済してもらえる、というような消極的な側面の強いものでした。名誉毀損とは異なり、たとえ、それが真実であっても、必ずしも公表が社会的な評価の低下を招かなかったとしても、私生活を晒されたら、保護の対象となるのです。わが国の裁判所においても、モデル小説やノンフィクションに関連して、プライバシー権とは、「私生活をみだりに公開されない権利」であると判示されています。

今日のプライバシー権。

しかし、その後、情報化社会が到来し、国家や私企業がパーソナルデータを大量に保有するようになると、プライバシー権には、積極的な役割が期待されるようになります。わが国でも、1970年代、80年代には、プライバシー権とは、パーソナルデータのライフサイクルの各段階を自分が主体的にコントロールしていく権利である、と説明する学説が登場しました。[25] 2020年、個人情報保護法の改正で、本人は、開示や内容の訂正、利用停止等を請求できることになり、これは、自己情報コントロール権としてのプライバシー権の表れだと評価されています。[26]

プライバシー権の意義については、今なお議論が続けられています。特に、近年、自己情報コントロール権説に対しては、本人の同意に偏重しているのではないか、との批判が寄せられています。

プライバシー権の本質は、自分のパーソナルデータが適正に取り扱われる

---

(23) 他方で、昨今の判例については、プライバシー権の対象となる情報について、非公知性を重視しない傾向にあり、公知の事実であっても、救済されうるという意味で、保護の範囲が拡張しているものの、自己情報コントロール権説が正面より採用されるには至っていない、との評価がある（村上・前掲注(6)5頁以下）。

(24) 村上・前掲注(6)2頁。ただし、フランスでは、アメリカに先立ち、プライバシー権が法制化されていた、との見解がある（羽賀由利子「フランスにおけるプライバシーと忘却──『忘れられる権利』の由来をたどって」金沢60巻2号（2018年）132頁）。

ことにあり、本人が利用者にさまざまな請求ができるのは、そのための手段にすぎないとも考えられます。また、本人の主体性を重んじるあまり、いわ

㉕　代表的な見解としては、たとえば、佐藤幸治「プライヴァシーの権利（その公法的側面）の憲法論的考察——比較法的検討」同『現代国家と人権』（有斐閣、2008年）259頁以下がある。同論者は、相手の行動を監視しない（プライバシーを侵害しない）ようにすることが信頼関係等を生じさせるのであり（同272頁以下）、自己情報コントロール権としてのプライバシー権は、憲法13条の人格権に基づき、根拠づけられる（同290頁以下）、と主張する。また、同論者は、開示・訂正・削除の請求権を容認する（佐藤幸治「プライバシーと知る権利」法セ359号（1984年）24頁）。ほか、芦部信喜『憲法学2　人権総論』（有斐閣、1994年）370頁以下、松井茂記「情報コントロール権としてのプライバシーの権利」法セ404号（1988年）38頁以下等がある（後者の特徴は、コントロールの対象となる情報の範囲について、その内容ではなく、情報が私的であるか否か、すなわち、非公知であるか否かを基準とすることである。同40頁。村上・前掲注(6)28頁参照）。

　　憲法学者による、「自己情報コントロール権説」批判としては、たとえば、阪本昌成『プライバシー権論』（日本評論社、1986年）4頁以下、棟居快行『人権論の新構成』（信山社出版、1992年）177頁以下等がある。前者は、自己情報にはコントロールの及ばない性質のものがあり、自己情報コントロール権説の内容にはあいまいさがある、と批判して、プライバシー権とは、他者による評価（社会的評価）の対象となることがない状態（自由）を要求する法益である、と評価する（村上・前掲注(6)30頁以下、同35頁以下参照）。後者は、プライバシーとは、社会的評価の対象からの自由ではなく、多元的な社会関係を形成する自由に由来するものであり、プライバシー権とは、人間がさまざまに形成しうる社会関係において、多様な自己イメージを使い分ける・コントロールする自由である、と評価する（村上・前掲注(6)31頁以下、同36頁参照）。ただし、後者の論者によれば、プライバシー権の本質は、個人の人格的自律（社会関係の形成）を保障する条件であり（棟居快行『憲法の原理と解釈』（信山社、2020年）47頁以下）、「自己イメージコントロール権説」とは、情報化社会の中、その変化に対応するものであり（同48頁）、本来的な意味での自己情報コントロール権説とは相容れないものではなく（同61頁）、右説は、畢竟、自己イメージコントロール権説に帰着する（同62頁）、あるいは、情報化社会においては、自己情報コントロール権説では、人格的自律が保障し得ない（同60頁）、などと評価している。そのうえで、今日の自己情報コントロール権説が、同意なき個人情報の取得・利用等を防止するものであり、結果的には、利用者に、個人情報の取得・利用等の権原を付与するものであった、として、その意図・機能にズレが生じている、と指摘しているのである（同61頁以下）。

㉖　板倉陽一郎「AI・ビッグデータ社会における『自己情報コントロール権』」国民生活108号（2021年）11頁以下参照。すなわち、「自己情報コントロール権」の明記はないものの、個人情報の取扱いに本人が関与することが重要である、との考えにより、本人に開示・訂正・利用停止等の請求権を付与し、個人情報の利用を制限する改正になっている。

ば、「同意絶対主義」に陥っていることが懸念されています。同意の取得を求めるあまり、情報の自由な利活用が妨げられたり、エンドユーザーにとっては、パーソナルデータの利用実態がわからないにもかかわらず、逐一、同意をしなければならないのは、「同意疲れ」を引き起こすことになります。[28]有名無実な同意でパーソナルデータが使われてしまうのは、インフォームド・コンセントの精神にも反するものでしょう。このことから、プライバシー権を説明する新たな見解もみられるようになりました。

　昨今、プライバシー権を憲法に明記しようという改正論も、一部、主張されていますが、あらためて、プライバシー権とは何か、考えてみてください。

❶　これから大学で学ぶにあたり、社会調査等の際、パーソナルデータの取扱いには十分な配慮を心がけてください。そのためには、個人情報保護法の内容を理解しておくのみならず、プライバシー権をめぐる新たな議

```
5　まとめ
・　個人情報保護法の内容は？

・　プライバシー権とは？
　　ex.　「忘れられる権利」をめぐる議論
                                    ❶
```

論にも関心をもち続けることが重要です。昨今では、いわゆる「忘れられる権利」についての議論が注目を集めています。

　「デジタル・タトゥー」という言葉を耳にしたことがあるでしょうか。個人情報を含む、文字、画像・動画等のデジタル情報がSNS・ブログまたは検索エンジン等のインターネット上で公開され、拡散されてしまうと、入れ墨のように完全に削除することが難しく、将来にわたって不利益な情報が残り続けることを指します。情報化社会においては、インターネットの特徴である、強いアクセス力により、「忘れられる」こと自体が難しくなっているのです。[29]

⑵�　曽我部真裕＝山本龍彦「誌上対談　自己情報コントロール権をめぐって」情報法制研究7号（2020年）129頁〔曽我部発言〕。

⑵⒏　曽我部＝山本・前掲注⑵⒎132頁〔曽我部発言〕参照。同134頁〔山本発言〕。

　この「忘れられる」ことを求める権利についての議論により、あるいは、情報化社会に特有の事情により、プライバシー権についての説明も変容が求められています。今後の議論の発展にも着目していってください。⁽³⁰⁾

3　おわりに

　「法とデータサイエンス」教育は、路半ばである。今後の成熟が期待されるが、本稿がその一助となれば、幸いである（なお、本稿の内容は、「法とデータサイエンス」教育の一環として、消費者被害事例ラボでの報告を予定している）。

---

(29)　寺田麻佑「情報化社会における『忘れられる権利』と『知る権利』」憲法研究6号（2020年）95頁は、「忘れられる権利」の重要性は、人が忘却する性質を有するため、問われてこなかったが、コンピューターは、忘却せず、情報が拡散され続けるという状況の変化が背景にある、と評価している。棟居・前掲注(25)『憲法の原理と解釈』66頁も、紙媒体での自己イメージの破壊は、一般の目にはやがて触れなくなり、風化していくのに対して、インターネット上の個人情報は、デジタル情報として存続し続け、検索エンジンの餌食となり続けるため、「忘れられる権利」が叫ばれることになる、と主張している。人とコンピューターの記憶・忘却のしくみについては、サトウタツヤ＝渡邊芳之『心理学・入門——心理学はこんなに面白い〔改訂版〕』（有斐閣、2019年）161頁以下、鹿取廣人ほか編『心理学〔第5版補訂版〕』（東京大学出版会、2020年）80頁以下等参照。ほか、インターネットがコミュニケーション・人間関係にもたらす影響については、無藤隆ほか編『よくわかる心理学』（ミネルヴァ書房、2009年）160頁以下参照。

(30)　情報化社会の特徴は、個人（自分）がコントロールし得ないビッグデータが溢れる情報の大海の中、どのように個人の権利を保護するのかが問われる状況にある、ということである（寺田・前掲注(29)97頁）。情報技術の発展により、常時、ネットワークに接続し、意識することなく、パーソナルデータが取得されており（曽我部＝山本・前掲注(27)129頁〔曽我部発言〕、同134頁〔山本発言〕）、本人による情報制御の可能性が喪失していることは、さまざま指摘されている（宮下・前掲注(6)271頁以下等。夏井高人『ネットワーク社会の文化と法』（日本評論社、1997年）189頁以下は、個人情報がデジタル情報として蓄積されることはやむを得ないが、いったんデジタル情報化すれば、コントロールは困難になるとして、個人情報をデジタル化させないで、いさせてもらう権利を主張する。これに対しては、伝統的なプライバシー権を再評価し、情報化社会において再構成を図ったものである、との評価がある。村上・前掲注(6)47頁）。

　このような事情を踏まえて、より後見的・社会権的なプライバシー権説が登場している。たとえば、堀部政男「ユビキタス社会と法的課題——OECDのインターネット経済政策による補完」ジュリ1361号（2008年）9頁以下は、情報技術の発展により、自己情報の追跡可能性はほとんど失われ、コントロールは不可能になっており、このような場合、保護の措置を要請できるという、（権利性の低い）「自己情報保護期待権」によるべきである、と主張する。ほか、斉藤邦史「信認義務としてのプライバシー権」情報通信学会誌36巻2号（2018年）127頁以下は、利用者は、英米法の「信認義務」に相当する、両当事者間の信頼関係（信認）に基づく、信義則上の注意義務を課せられており、秘密保持義務・情報開示義務等を負う、と評価する（右義務内容は、エンドユーザーがプラットフォームの実態さえ理解していないことに鑑み、より高度の注意義務である、と評価されている。曽我部＝山本・前掲注(27)136頁以下〔山本発言〕参照）。また、音無知展『プライバシー権の再構成——自己情報コントロール権から適正な自己情報の取扱いを受ける権利へ』（有斐閣、2021年）240頁以下は、自己決定権型の権利を容認することにより、各人の支配に委ねるのではなく、適正な自己情報の取扱いを受けるという、憲法13条に基づく権利を個人に容認するべきである、と主張する（曽我部＝山本・前掲注(27)131頁〔曽我部発言〕参照）。

　以上のような議論に対して、民法学者は、自己情報コントロール権説自体に消極的な傾向がある、と評価されている（村上・前掲注(6)38頁。民法学者による、「自己情報コントロール権説」批判については、同38頁以下が簡潔である）。その理由は、古典的なプライバシー権とは整合しないほか、憲法では、対公権力の事例を考慮するのに対して、民法では、私人間の総合考慮的な判断が求められており、また、民法では、開示・訂正・削除の請求権に対して、消極的な評価があるためである、などと説明されている（村上・前掲注(6)45頁以下参照）。しかし、実際には、「自己情報コントロール権」としてのプライバシー権なるものを否認する民法学者は、多くはない（近江幸治『民法講義6　事務管理・不当利得・不法行為〔第3版〕』（成文堂、2018年）142頁、吉村良一『不法行為法〔第6版〕』（有斐閣、2022年）41頁以下等参照）。

　いわゆる「忘れられる権利」についても、プライバシーなる、権利性（絶対権）をう

かがわせる人格的利益に基づく「特定的救済」が検討されなくてはならない（忘れられる権利については、宮下紘『『忘れられる権利』をめぐる攻防』比較法雑誌168号（2014年）29頁以下等参照。特定的救済については、近江・前掲注(30)168頁以下参照）。フランスでは、初期より古典的なプライバシー権との関係で「忘れられる権利」が語られてきた、との指摘もある（羽賀・前掲注(24)130頁以下）が、これは、いったん公開された事実であっても、時の経過とともに、私的領域・平穏な生活を保障するという意味での「プライバシー権」の範疇に含まれるようになり、その再暴露に対する本人の反論として位置づけられる「忘れられる権利」である（羽賀・前掲注(24)144頁以下参照）。これに対して、今日的な「忘れられる権利」とは、自分のパーソナルデータを消去することを、暴露者等の加害者ではなく、検索事業者等のデータ管理担当者に要求できる「削除権」の側面を有するものであり（羽賀・前掲注(24)127頁）、一般的なプライバシー侵害に基づく請求とは相異がある、と評価されている（羽賀・前掲注(24)127頁）。その法律構成は、不法行為ではなく、たとえば、プライバシーなる、人格的利益に由来する「絶対権」の恢復としての請求権によるべきであろう。また、自己情報のコントロール（開示・訂正・削除等）は、救済方法の態様として、位置づけるべきである、と思われる。忘れられる権利を容認する要件は、差止め等と同様、受忍限度論的な総合考慮によるものである。なお、最二小判令和4・6・24判タ1507号49頁は、最三小決平成29・1・31判時2328号10頁にいう「明らか」要件をはずし、プライバシー権の侵害に基づくインターネット上の情報の削除請求について、人格権に基づく差止めであると明示した、初めての判決である。

▶▶▶実務へのアプローチ▶▶▶

弁護士　男澤　拓

実務へのQ＆A

Q 　近時、インターネット上でウェブサイトを閲覧していると「『Cookie』の使用に同意しますか」という表示がある。山﨑論文を読んでみて、あまりよく考えずに同意してしまっていたことを怖く感じてしまったが、大丈夫だろうか。

A

　2023年6月に、2022年改正電気通信事業法が施行されることになり、「利用者情報の外部送信」についての規律が追加されることになった。そのため、各事業者が本設問に記載されたような表示によって、Cookieという利用者情報を事業者が使用することについて、各利用者の同意を求めているために本設問のような表示がなされている。

　電気通信事業法の定める外部送信とは、利用者のパソコンやスマートフォン等の端末に記録された当該利用者に関する情報を、その利用者以外の者の電気通信設備（Webサーバ等）に送信することをいう。

　「Cookie」のしくみであるが、インターネットサイトを閲覧する際、サーバーが当該利用者・閲覧者のコンピューターにファイルを保存させる（このファイル自体を「Cookie」という）。そして、利用者が同じサイトを閲覧する際、パソコンやスマートフォンなどの機器に残されたファイルと、サイト側で発行した型とが一致するかどうかが確認され、一致すれば過去に当該機器からアクセスされたことと認識することができることになる。

　たとえば、過去にアクセスしたことがあるウェブサイトを再度見にいくと、自分が過去に登録したID・パスワードなどが残っていたりするが、これらの事象もこの「Cookie」が残っていることで、生じることということになる。この「Cookie」では前述したIDやパスワードのほか、行動履歴、ログイン情報、ショッピングカートの内容などのセッション情報、利用者のIPアドレスなど

が収集されている。

　このような観点からすれば、「Cookie」も「利用者情報」に該当するところ、近年、この「Cookie」をアプリ内のプログラミングやオンラインショップが提携する広告会社などが無断で利用・取得していることについて、インターネット利用者の認識がないまま活用され、プライバシー侵害等にあたるのではないかと欧州を中心に問題視されることになった。各国の規制が強まる中、日本においても、東日本旅客鉄道株式会社（JR東日本）のSuica乗降履歴等の利用に関する問題が生じたり、各スマートフォンアプリの情報収集が問題とされるようになるなどの社会問題を経たうえで、前述の電気通信事業法の改正により、規制されるに至った[1][2]。

　そもそも、「Cookie」が利用されることの利点として、利用者側にとっては、再度情報を入力する手間等を省くことができ、ウェブサイトの利便性が向上するという点があげられる。

　また、閲覧したサイトの履歴から、利用者の一定の関心事項などの傾向が分析されることにより、自身の嗜好や興味に合致した広告（いわゆる「ターゲティング広告」）が表示されることになる。これにより、自身に興味がない広告を受け取ることが少なくなるという利点が指摘されている。

　他方、問題点としては、プライバシー保護の観点からすれば、このような情報が第三者によって収集・集積がなされればなされるほど、その情報群によって個人を特定できる可能性が高まることになる。また、そのように個人が特定されやすくなった形で収集された情報群が、企業から流出する可能性は否定できないといった指摘もなされている。

　さらに、ターゲティング広告は便利である反面、詐欺広告、違法広告に騙されやすい消費者がロマンス詐欺や詐欺的定期購入、悪質な場合には詐欺広告など、同様の被害に再度遭うことになったり、もしくは、迷惑メール被害

---

(1)　山下大介『外部送信規律スピード対応マニュアル』（日経BP社、2023年）125頁以下の実際に問題となった事例の紹介が詳しい。
(2)　消費者庁「デジタル・プラットフォーム利用者の意識・行動調査（ターゲティング広告分野）」（2020年）における調査では、約3分の2の利用者がプライバシーの侵害と感じるとの回答があった。

や副業詐欺被害回復を求めて検索した消費者を標的にした悪質な事業者の広告がなされることで、二次被害に遭ってしまう可能性も想定される点には留意が必要である（なお、一次的な責任は違法・詐欺的である広告自体にあるし、これを放置するデジタルプラットフォーマーやSNS事業者にも問題があるが、これらに対する規制の必要性は別稿に譲る）。

　利用者側においては、利用者情報を外部送信することのメリット・デメリット等を含めて同意の可否について判断することが望ましい。もっとも、本規制の目標が透明性・公平性の確保にあるとされているが、はたして、ウェブサイト上に表示される「同意」についての意味合いを消費者が十分に理解できているのかどうかという問題も存する。山﨑論文内でプライバシーの権利が「本人の同意に偏重しているとの批判の指摘が存する」との部分は重要な記載であって、少なくとも、企業側においては、本規制の趣旨を踏まえ、明確かつわかりやすい「同意」の取得が求められるだろう。

〔参考資料：全国適格消費者団体一覧〕

（認定順、2023年12月現在　※：特定適格消費者団体）

特定非営利活動法人消費者機構日本（※）
東京都千代田区六番町15番地　主婦会館プラザエフ6階
TEL　03(5212)3066　　FAX　03(5216)6077
https://www.coj.gr.jp/

特定非営利活動法人消費者支援機構関西（※）
大阪府大阪市中央区南新町一丁目2番4号　椿本ビル5階502号室
TEL　06(6945)0729　　FAX　06(6945)0730
https://www.kc-s.or.jp/

公益社団法人全国消費生活相談員協会
東京都中央区日本橋堀留町二丁目3番5号　グランドメゾン日本橋堀留101
TEL　03(5614)0543　　FAX　03(5614)0743
https://zenso.or.jp/

特定非営利活動法人京都消費者契約ネットワーク
京都府京都市中京区烏丸通二条下ル秋野々町529番地　ヒロセビル4階
TEL　075(211)5920　　FAX　075(746)5207
http://kccn.jp/

特定非営利活動法人消費者ネット広島
広島県広島市中区鉄砲町1番20号　第3ウエノヤビル3階
TEL　082(962)6181　　FAX　082(962)6182
http://www.shohinet-h.or.jp/

特定非営利活動法人ひょうご消費者ネット
兵庫県神戸市中央区下山手通五丁目7番11号　兵庫県母子会館2階C
TEL　078(361)7201　　FAX　078(361)7205
https://www.hyogo-c-net.com/

特定非営利活動法人埼玉消費者被害をなくす会（※）
埼玉県さいたま市浦和区岸町七丁目11番5号
TEL　048(844)8972　　FAX　048(829)7444
http://saitama-higainakusukai.or.jp/

特定非営利活動法人消費者支援ネット北海道（※）
北海道札幌市中央区北四条西十二丁目1番55　ほくろうビル3階
TEL　011(221)5884　　FAX　011(221)5887
https://e-hocnet.info/

特定非営利活動法人消費者被害防止ネットワーク東海 愛知県名古屋市千種区内山三丁目28番2号　KS千種ビル6階F TEL　052(734)8107　　FAX　052(734)8108 https://cnt.or.jp/
特定非営利活動法人大分県消費者問題ネットワーク 大分県大分市青崎一丁目10番23号 TEL　097(521)2206　　FAX　097(521)2206 http://oita-shohisyanet.jp/
特定非営利活動法人消費者支援機構福岡 福岡県福岡市博多区博多駅前一丁目18番16号　博多駅前1丁目ビル302号 TEL　092(292)9301　　FAX　092(292)9302 https://www.cso-fukuoka.net/
特定非営利活動法人消費者支援ネットくまもと 熊本県熊本市中央区出水二丁目5番8　水前寺パークマンションⅡ–205号 TEL　096(356)3110　　FAX　096(356)3119 http://net-kuma.com/
特定非営利活動法人消費者ネットおかやま 岡山県岡山市北区奉還町一丁目7番7号　オルガビル5階 TEL　086(230)1316　　FAX　086(230)6880 https://okayama-con.net/
特定非営利活動法人佐賀消費者フォーラム 佐賀県佐賀市神野東四丁目1–31　アパートメント12–103号室 TEL　0952(37)9839　　FAX　0952(37)9859 http://www.saga-consumersforum.or.jp/main/
特定非営利活動法人消費者市民ネットとうほく 宮城県仙台市青葉区柏木一丁目2–40　ブライトシティ柏木702号室 TEL　022(727)9123　　FAX　022(739)7477 https://www.shiminnet-tohoku.com/
特定非営利活動法人消費者支援ネットワークいしかわ 石川県金沢市北寺町へ9番地3 TEL　076(254)6733　　FAX　076(254)6744 https://csnet-ishikawa.com/
特定非営利活動法人消費者支援群馬ひまわりの会 群馬県桐生市相生町三丁目120番地6 TEL　0277(55)1400　　FAX　0277(55)1429 https://www.npo-himawari.jp/

特定非営利活動法人えひめ消費者ネット
愛媛県松山市朝生田町七丁目2番22号　大興ビル305号
TEL　089(987)3101　　FAX　089(987)3130
https://ehime-syouhisya-net.org/

特定非営利活動法人消費者支援かながわ
神奈川県横浜市港南区上大岡西1-6-1　ゆめおおおかオフィスタワー5階
TEL　045(349)9729　　FAX　045(349)9267
https://www.ss-kanagawa.org/

特定非営利活動法人消費者市民サポートちば
千葉県千葉市中央区中央四丁目13番10号　千葉県教育会館5階
TEL　043(239)6037　　FAX　043(239)6038
https://sapochiba.com/

特定非営利活動法人とちぎ消費者リンク
栃木県宇都宮市中今泉二丁目7番19号
TEL　028(678)8000　　FAX　028(678)8000
https://tochigilink.org/

特定非営利活動法人消費生活ネットワーク新潟
新潟県新潟市中央区新光町6-2　勤労福祉会館3階
TEL　025(384)4021　　FAX　025(384)4022
https://www.network-niigata.org/

特定非営利活動法人消費者ネットワークかごしま
鹿児島県鹿児島市新屋敷町16番211号
TEL　099(201)5131　　FAX　099(201)5450
https://net-kagoshima.com/

特定非営利活動法人消費者市民ネットおきなわ
沖縄県那覇市安里45番地　久米国鼎会会館4階
TEL　098(988)8744　　FAX　098(988)8744
https://ossnet.jp/

特定非営利活動法人やまなし消費者支援ネット
山梨県甲府市中央四丁目3-19　桜商事ビル3階
TEL　055(269)7771　　FAX　055(269)7771
http://www.yamanashi-csnet.jp/

〔執筆者一覧〕

(50音順、2023年12月現在)

・**今津　綾子**〔いまづ・あやこ〕(東北大学大学院法学研究科准教授) = [1](論)

・**小笠原奈菜**〔おがさわら・なな〕(東京都立大学法学政治学研究科・法学部教授) = [2](論)

・**男澤　拓**〔おとこざわ・ひらく〕(弁護士) = [4][7](実)

・**小野寺友宏**〔おのでら・ともひろ〕(弁護士) = [1](実)

・**窪　幸治**〔くぼ・こうじ〕(岩手県立大学総合政策学部教授) = [3](論)

・**栗原由紀子**〔くりばら・ゆきこ〕(尚絅学院大学総合人間科学系社会部門教授) = [4](論)

・**鈴木　裕美**〔すずき・ひろみ〕(弁護士) = [6](論)

・**髙橋　大輔**〔たかはし・だいすけ〕(弁護士) = [5](実)

・**中里　真**〔なかざと・まこと〕(福島大学行政政策学類准教授) = [6](実)

・**羽田さゆり**〔はだ・さゆり〕(東北学院大学法学部准教授) = [5](論)

・**古川佐智絵**〔ふるかわ・さちえ〕(弁護士) = [2](実)

・**向田　敏**〔むかいだ・さとし〕(弁護士) = [3](実)

・**山﨑　暁彦**〔やまざき・あきひこ〕(福島大学行政政策学類准教授) = [7](論)

※(論)=「論文」、(実)=「実務へのアプローチ」の執筆を表す。

〔編集者所在地〕

適格消費者団体 特定非営利活動法人

消費者市民ネットとうほく

〒981-0933 宮城県仙台市青葉区柏木1-2-40

ブライトシティ柏木702号室

TEL 022(727)9123　　FAX 022(739)7477

https://www.shiminnet-tohoku.com/

〔ネットとうほく叢書〕

先端消費者法問題研究［第3巻］
──研究と実務の交錯──

2024年2月14日　第1刷発行

編　者　適格消費者団体 特定非営利活動法人
　　　　消費者市民ネットとうほく
発　行　株式会社　民事法研究会
印　刷　株式会社　太平印刷社

発行所　株式会社　民事法研究会
　　　　〒150-0013　東京都渋谷区恵比寿3-7-16
　　　　〔営業〕TEL 03（5798）7257　FAX 03（5798）7258
　　　　〔編集〕TEL 03（5798）7277　FAX 03（5798）7278
　　　　http://www.minjiho.com/　　info@minjiho.com

組版／民事法研究会　　カバーデザイン／袴田峯男
落丁・乱丁はおとりかえします。ISBN978-4-86556-603-1

ネットとうほく叢書

先端消費者法問題研究
—研究と実務の交錯—

適格消費者団体 特定非営利活動法人 消費者市民ネットとうほく　編

▶最新の消費者法にかかわる問題について、ネットとうほく内の研究会にて行われた研究者による理論的解明と法的課題等の提起などに対して、弁護士・消費生活相談員などの実務家が法律実務や被害救済を担う立場から問題を提起するなど、両者の議論を踏まえてまとめられた最先端の消費者問題の解説書！

▶同じテーマについて、研究者が法理論を中心に論究し、弁護士が法律実務の現場でどのように対応していくのかという視点から解説を行っているので、研究者、弁護士、司法書士、消費生活相談員や消費者行政の担当者などにとって至便の書！

発行　🅕 民事法研究会

〒150-0013　東京都渋谷区恵比寿3-7-16
（営業）TEL. 03-5798-7257　FAX. 03-5798-7258
http://www.minjiho.com/　info@minjiho.com

Q＆A賃貸住宅紛争の 上手な対処法 〔第6版〕

仙台弁護士会　編

A 5 判・448頁・定価 4,620円（本体 4,200円＋税10%）

▶最新の事例と判例・法令等に基づきＱ＆Ａ形式でわかりやすく解説した待望の改訂版！

▶第6版では、貸主・借主双方の立場からの留意点を明示するとともに、人の死の告知に関するガイドライン公表に伴う心理的瑕疵の問題、新型コロナウイルス感染症の影響による賃料減額問題、生活困窮者向け住宅トラブルの問題等、近年注目を集める問題事例を新たに追加！

▶令和4年12月12日の家賃債務保証会社によるいわゆる「追い出し条項」が消費者契約法により無効であると判断された最高裁判決も織り込んでおり最新の情報までしっかり対応！

▶賃貸借契約の関係契約書・関連書式を多数収録しているので、法律実務家、宅建業者や貸主・借主、消費生活センターなどの担当者にとって至便！

本書の主要内容

HPの商品紹介はこちらから↓

発行　民事法研究会

〒150-0013　東京都渋谷区恵比寿 3-7-16
（営業）TEL. 03-5798-7257　FAX. 03-5798-7258
http://www.minjiho.com/　info@minjiho.com

第2版では、最新の判例を追録し、歯科治療の分野など大幅増補！

美容医療・歯科治療・近視矯正の判例と実務
〔第2版〕

小田耕平　著

A5判・599頁・定価 6,380円（本体 5,800円＋税10%）

▶美容医療・歯科治療・近視矯正の裁判例を網羅的に取り上げ、裁判所の判断等をもとに被害救済への指針を示す！

▶各種医療分野における基礎知識から、裁判上重要な知識を多数紹介し、考え方や留意点を解説！

▶最新動向（被害傾向、学会動向など）に対応するとともに、「近視矯正医療」の分野では昨今主流になりつつある「IOL（有水晶体眼内レンズ）」について加筆！

▶美容医療等を専門とする実務家はもちろん、これまで馴染みのない実務家にも必携の1冊！

本書の主要内容

HPの商品紹介は
こちらから↓

発行　民事法研究会

〒150-0013　東京都渋谷区恵比寿 3-7-16
（営業）TEL. 03-5798-7257　　FAX. 03-5798-7258
http://www.minjiho.com/　　info@minjiho.com